こどもたちにどう向き合えばいいのか

臨床心理士として感じてきたこと

稲沼邦夫

東京図書出版

■はじめに

筆者は、臨床心理士として、四十数年間、医療機関や教育相談機関などで心理的な問題を抱えて訪れるこどもやその家族とかかわってきた。心理的ストレスなどからいろいろな身体的不調を訴えるこどもたちを始め、本人の性格や心理的環境などにより不安状態に陥り生活に支障を来しているこどもたち、学校生活になじめず不登校状態となっているこどもたち、また態度や行動などを周囲から問題視され発達障害を疑われて来るこどもたちなど、じつに多くのこどもたちと接してきた。

そうしたなかに、「果たしてこれでいいのだろうか？」と、どうしても気になってしまうこどもや家族が少なからずいた。そしてこうした思いは、学校などこどもたちを取り巻く社会的環境にも及び、次第に深刻感とともに膨らんできてしまった。

なかでも気になったのは、問題を抱えているはずのこどもたち自身に、その問題と向き合う主体性があまり感じられないことである。つまり、当面する課題に自分の意思や判断で主体的に取り組み、その解決を求めて自ら行動しようとする態度がほとんどみられないことである。こうしたこどもたちは、ここ最近というよりは、もう少し前から増えてきたような気がする。このなかには不登校状態の子も少なくない。

じつはこうした問題に呼応するかのように、本邦において80年以上も前（昭和12年）に発刊され、最近リバイバル刊行となった本、吉野源三郎著『君たちはどう生きるか』（マガジンハウス刊）が、漫画版も加わって書店のお薦めコーナーに積まれ、それが売れているという社会的現象がある。既に販売部数200万部を超えたというこの現象が、単なる偶然なのかそれとも何らかの必然性をもったものなのか、どうも筆者の思いと何か関連があるように思われてならない。仮に必然だとすれば、この現象の背景にあるものはいったい何だろうか。書店でこの本のタイトルに目が留まり、手にとって内容をパラパラと見て、思い立ったようにレジに持っていく人は一体何を感じているのだろうか。もしかすると、それぞれ気になるこどもたちのことが浮かんできて、この本のタイトルが示す問題意識に共感を持ったのかもしれない。原本の発刊から、戦中戦後を経て、高度経済成長とともに少なくとも物的には豊かになり、とりあえずの衣食住にそれほどには困らなくなった人たちが増えた今、我々は果たして精神面でも成長しているのかどうか。この問いかけとして、改めてこどもたちに、いや大人たちにも「生きることの主体性」が求められているのではないだろうか。

また、主体性があると言えばあるのかもしれないが、「自分本位」としか思えないようなこどもたちも気になる存在である。我慢ができず、周囲を気にせず自分勝手で、思い通りにならないとキレやすい、また不安が強くてマイペース、好きなことにはとことんこだわるが嫌いなことは一切やらないというこどもたち。どうも「自分本位」のレベルがだんだん上がってきているような気がする。この背景にある問題は何なのだろうか？　先々が見通しにくい不安だらけの社会状況の中で、時代の流れとしての個人志向、個人の「自由」の拡大、価値観の多様化、その一方で毎日のようにニュースを賑わす虐待事件など大人たちの「倫理観」の低下など、社会における人の在り方やこどもに対する大人のかかわり方にも問題があるのではないだろうか。

そしてこうした傾向に加え、集団の枠組みから外れ、落ち着きがなかったり、不注意が目立ったりすると、学校などから「発達障害」ではないかと指摘される例も目立ってきている。社会性が乏しく、人とのやりとりに欠け、何らかにこだわる傾向がみられたりする例でも、やはりその疑いがかけられるようである。どうもこうした問題の背景に、こどもの「有り様」の「正常範囲」が狭くなってきている印象があり、そこに「異種異形排除」の空気を感ずることもある。この空気には、周囲との同調性に乏しく不器用で要領が悪いことを否とするような意味合いも含まれ、「いじめ」を生み出す温床にもなっているのではないだろうか。

さらに学校に行かず昼夜逆転でゲームにのめり込むようなゲーム依存のこどもたちの例も深刻である。この中には家族も対応に困っているかなりのゲーム「依存症」も入っており、家庭崩壊の危機に瀕している例すらある。ＩＲのカジノができたら真っ先に引っかかるかもしれないギャンブル依存症予備軍とも言える例である。

一方、気になることは、こどもを取り巻く大人の態度や行動でも見受けられる。本来こども自身の問題であるはずなのに、親や教師が問題の主体になってしまっていたり、困り感がこども本人よりも親や教師の方に強かったり、親が不安だらけでリーダーシップ性に欠けていたり、いつまでも我が子を支配するかのように「こども扱い」していたりする例。また、歯止めが掛からない少子化現象のなかで、とくに一人っ子の家族が抱える問題、例えば「母子密着」、これが元で家庭が崩壊してしまった例もある。また崩壊しないまでも、大人になっても密着関係が続き、その結果こどもは、「生き方の自由」のもとにアラフォーを過ぎてもパラサイトシングルでいたりする。

また逆に、こどもを可愛いと思えず受け容れられなかったり、「躾」と称して虐待に走ったり、育児に疲れたと言って幼児を放置し遊びに出かけてしまう親の例など、増え続けている虐待事件の背景には、大人のかなり重症化した「精神的未熟さ」、というより「精神的幼稚さ」がうかがえる。さらには、「いじめ」についても、昨今の告訴社会の影響からか、「責任回避」が先立ち、初めから「いじめはなかった」としてしまうような学校や教育行政の在り方も、こどもや親たちとの信頼性を確立する上で、深刻な問題である。

「主体性のなさ」や「自分本位」の問題など一連の大いに気になる問題は、どうもこどもたちの問題だけではなさそうで、我々大人の側に、こどもを「育む力」が弱ってきているように思えてならない。動物の方が遙かに上と感じることすらある。

以上のような問題は、筆者が臨床心理士としてこどもたちの問題にかかわるようになった四十数年前は、少なくとも今ほどではなかったように思われる。これから待っている時代、自然環境でも社会環境でも、おそらく今よりもっと厳しい生活環境、そのなかで順当に行けば我々よりも長く生きていくこどもたち、そのなかで「どう生きるか」、「人生をどう乗り越えていくか」という主体性の確立はますます重要になっていくものと思われる。そのためには、我々大人はこどもたちにどう向き合えばいいのか。本書では、このような問題について少し考えてみたい。

なお、登場するケースは、すべて事実をもとにしたフィクションである。

こどもたちにどう向き合えばいいのか

―臨床心理士として感じてきたこと―

◇目次

主体性が感じられないこどもたち

【ポイント】
■ほとんどの例が不登校状態
■衣食住は満たされ、自室にこもり、現実回避でも生活できてしまう環境
■目立つ親の過保護、過干渉、そしてうろたえ感
■問題の主体が、こども本人でなく、親や大人の側に

まずは、主体性が感じられないこどもの具体例を紹介したい。

■母親からの相談。大学4年になる息子のこと。賄い付きのアパートで一人暮らし。単位が足りず、卒業まであと2年はかかるかもしれないと言ってきた。3年までは単位が足りなくても進級できてしまい、あまり考えずに来てしまったらしい。息子も、単位のことは一応頭にはあるようで、授業に出ることは出るが、長続きせず、この繰り返しだった様子。理由を聞くと、

授業の内容がつまらないからとか、友達がいないからとか、レポートを書くのが面倒だからとか、いろいろと言い訳を言ってくる。親から見てもどこか甘えた感じがする。でもようやくできた子で、小さい頃から可愛い可愛いで来てしまった。大学側との三者面談で、「できれば卒業したい」と言っていたが、具体的に動いている様子はなさそう。卒業後も、何をしたいのかあまり考えてなさそう。心配でときどきアパートに訪ねていって様子を見ている。どうすればいいか。

以上が概要である。大学に籍を置きながら、この先自分でどうしたいのか、どう生きていくのかという本人の主体性がまったくと言っていいほど感じられない。衣食住が満たされ、とりあえず生活ができてしまう中で、困り感がそれほどでもないためか、先のことを考えようとしないスタンスが気になる。また問題の主体が本人ではなく親になってしまっている。当たり前だが、親は本人にとって代われない。結局は本人にのしかかってくる問題。少なくとも親は過保護的対応を一切やめ、意識的に本人と距離をとり、「本当に卒業したいのか」、「できればどうしたいのか」、「この先どうやって食べていくのか」などを本人に投げかけ、答えを求めていくことが必要ではないだろうか。時限を設けて仕送りの打ち切りを示すなりして、先を見させるようにしてもいいかもしれない。そしてこのような問いかけは直接口頭でするより、手紙やメールの方が効果的かもしれない。できれば直筆の手紙がいいかもしれない。答えはすぐには返ってこなくても、こうした親のスタンスは、本人に考えさせるきっかけになるはずとみられるが、いかがだろうか。

■高校1年の男子。ゲーム以外は主体性がみられず、家庭環境にも問題がありそうな例。本人の話。（調子はどう？）「何に対してもやる気が出ない。でもやりたいことなら別」（やりたいことは？）「ゲーム」（不満なことは？）「不満？……別に、ただ何に対しても面倒くさい」（いつ頃から？）「中学生になった頃からそんな感じ。高校はほとんど行っていない。でも単位がヤバくなれば行くつもりではいるけど。でも卒業できるとは思っていない。それに行く必要性もあまり感じていない」（心配事は？）「とくにない」（将来は？）「先のことは全く考えてないし、考えたくもない。ちゃんとしなければならないことはわかる、生活費を稼いで親から自立するとかくらいは。でもやる気がしない。夢も希望もない」（親は？）「父親はもうずっと家に帰っていない」次に母親の話。「実はこの子の父親とはだいぶ前から別居状態。本人にははっきりとは伝えていないが、うすうすは気づいていると思う。こんな状態だから高校だけはちゃんと卒業して将来は自立してもらわなければならないんだけど。でも本人もどうしていいのか分からないみたい。焦りはあるとは思うが」

以上が概要である。本人は、投げやりな態度で不適応感がかなり強そう。しかし「何もやる気がしない」という割にはゲームには夢中になっており、少なくとも抑うつ的ではなさそう。現実を見ようとせず現実回避が目立つ。現実との絡みで何をどうしなければならないかが見えていない様子。父親の件など家庭環境の問題は大きいが、本人の年齢からすれば、結局は本人が現実を受け容れ、乗り越えるしかない問題と考えられる。生活の基本である衣食住が満たされ、ゲームという好きな世界に没頭できることで、現実回避になっていると言えないだろうか。父親の件は事実をはっきり伝えることが必要と思われる。本人をこどもと見るより、少し距離を置き、もうほとんど大人の一個の人間として、現実を直視させ、現状をどう思っているのか、不満ならどうしたいのか、この先どうしていきたいのかなどを聞き出し、主体性を求めていくことが重要とみられる。家庭環境の問題は確かに大きいが、衣食住にほとんど困らず生活ができてしまう状況も、主体性の確立を困難にしている要因のひとつかもしれない。このケースに限らず、「これからどうしたいのか」を本人に考えさせる家族の姿勢、そして具体的アプローチが欠如している例は少なくない。そしてこの例も問題の主体は親になっている。

■背景に周囲の不適切対応が目立った例。母親からの相談。高校2年になる息子。中学3年の後半から学校や学習塾の欠席が目立つようになった。受験勉強も身が入らず、高校入試が危ぶまれたが、何とか合格できた。入学して4月は休まず登校していたが、5月の連休明けからまた欠席が目立つようになった。1週間連続してというのはなかったが、それでもかなり休んでしまい単位の取得に影響するようになった。学校から「診断書」を提出すれば何とか進級可能と言われたため、かかりつけ医にその旨話して書いてもらい、何とか進級できた。しかし、高2になっても2週間登校しただけで、以後ずっと連続して欠席している。登校する気はないようで、昼夜逆転でオンラインゲームばかり。態度も投げやりで、何を聞いても返事は「わかんない」と。小学校から中学2年頃まではほとんど休まず、成績もまあまあだった。性格は明るい方で友達も多いが、どちらかというと優柔不断な方。また言われたくないことを言われると逃げる傾向が強く、プレッシャーにも弱いとのことだった。夏休みは遊んでばかりで、生活態度もいい加減さが目立ってきた。同居している祖父母が、小さい頃から何かにつけ金を与えてしまう。今、海外赴任中の父親とともに、だいぶ前からそういうことをしないように頼んできたが、今もって続いている。貰うことが当たり前になっているせいか、最近では本人のほうから祖父母に要求するようになり、額もだんだんエスカレートしているみたい。祖父母に対する態度も上から目線の命令調になってきて、この先が心配。

以上が概要であるが、主体性のなさ、自我の未成熟さも目立つ。心的耐性も低そう。この例も衣食住に事足りてゲーム三昧の毎日。祖父母の対応は、かなり不適切とみられ、この先、家庭内暴力に発展する可能性が極めて高い。まずこのことを祖父母によく説明する必要がある。本人に対しては、口頭でなく、書面で母親や父親の思いを伝える。そしてその反応を元に「できればどうしたいのか」を引き出す。このように、この先どうするのかを真剣に考えさせるよう提案したが、日常的な父親不在もあって、やや難しそうな例であった。また、「診断書」を提出すれば出席日数を補填し進級可能という学校側の対応にも疑問を感ずる。こうした手続きの教育的根拠は一体何だろうか。果たして本人のためなのか、学校のためなのか。

■親の過保護、過干渉、焦りが目立った例。高校3年の女子。中学までは友達関係も良く、医学部に進学した兄と共に成績も良く、とくに問題はなかった。高校進学にあたり、父親が、大学合格率の高さで有名な私立高を受験してはどうかと言ってきた。本人は少しためらったものの、父親がそう言うのならと、受験し、幸い合格した。大手企業で管理職にある父親は、娘にとって大学進学も含めてより有利な将来を考えてのことだった様子。しかし、入学してしばらく経った頃から、家で学校のことをあまり喋らなくなってきた。朝も、中学校の時と比べて、あまり元気がなさそうだったが、休むことなく登校はしていた。母親は、どうも学校の雰囲気にあまりなじめない様子だったと言う。次第に友達関係や部活動も上手くいかなくなった様子で、それまで良かった成績も思うように伸びなくなり、学校を休むことが目立つようになった。一日中自室にこもり、ＰＣやスマホでネットにのめり込む日々が増えてきた。食事も家族と一緒に摂らなくなったため、父親が見かねてWi-Fiを切ったら、本人は父親に対し威嚇するような目つきで、持っていたスマホを投げつけてきた。これ以降、父親の説得には耳を貸さなくなり、反抗的態度はだんだんエスカレートし、「こうなったのはぜんぶパパ、いや、お前のせいだ」と迫ってくるようになった。母親は、こういう父娘関係に、ただおろおろするばかりであった様子。母親は学校にも相談したが、あまり親身になってもらえなかったという。大学の方は合格したが、高校の出席日数が足りず、肝心の卒業が危ぶまれる状況で、本人もさることながら父親の焦り感が目立った。

このケースでは、まず娘本人の主体性が見えてこない。そうさせている要因のひとつに、とくに父親の「過干渉、過保護」があるとみられる。おそらく本人が小さい頃からこのような態度でかかわってきたものと推察される。なお、大学受験に際しても父親の「提案」があったという。この、娘を心配しての過干渉や過保護は、おそらく父親自身の不安からきているのかもしれない。ただ兄に対してはそれほどでもなかったと母親は言う。父親が娘の将来を心配する気持ちは十分に理解できるが、やはりこどもの発達段階に応じた対応が必要ではないだろうか。娘が成長し自我を確立させていくにつれ、それまで当たり前の感覚で受けてきた親の「干渉・操作」を嫌がりだす例は少なくない。そろそろ巣立ちを準備する年頃になれば、自らを確立するために、これまで面倒を見てきてくれた親と距離を置こうとするのは至極当然であろう。確かに父親にとって娘はいくつになっても「我が子」ではあるが、高3ともなればもう一人の大人とみるべきであろう。まずは娘本人と少し距離を置き、娘が自身の気持ちを自ら整理し、「できればこうしたい」を探し出せるようなかかわりを意識することが重要と思われる。父親は、提案はしても、その決定はあくまで本人に任せるようにするなど、大人として見守る姿勢が必要ではないだろうか。また、学校の方も、本人の不適応状態にもっと早く気づき、適切な配慮がなされていれば、ここまで深刻にはならなかったかもしれない。進学優先の私学であることからすれば分からなくもないが、やはり生徒への教育的心理的配慮は優先されるべきで、教育における主体は生徒本人であることを再認識すべきではないかと思われる。

＊　＊　＊

さて、主体性があまり感じられないこどもたちの例を挙げたが、共通してみられる問題について、いくつか考えてみたい。まず、いずれの例も不登校の状態ということである。筆者が経験した他の似たようなケースも、ほとんどと言っていいくらい不登校状態であった。学校に行くということは、「自己実現」の一環といえば格好よすぎるが、あくまで自分のために、自分がこれから生きていくために必要な知識を身につける、人間として成長していくために集団生活の中で人間関係や社会性を身につける、これが大きな目標のひとつではないだろうか？　しかし、このような意識は、例に挙げたこどもたちには、少なくとも表立ってはあまりみられていない。このような考えは、もう時代遅れか、時代に合っていないのだろうか？

不登校の場合、無理に登校させない方がよいという「教育的配慮」が以前からみられる。そして「焦らず（学校に）来る気になるまで待ちましょう」と言うのも聞こえてくる。確かに本人に登校の意思がないのに、無理矢理、登校させようとする、例えば、朝、教師がこどもの家に迎えに来て手を引っ張って連れて行くことは、本人の抵抗感を強めるだけでまったく意味がないのは当然である。しかしながら「来る気になるまで待ちましょう」という配慮も、どこか人ごとのようで巧言令色的に聞こえてしまう。義務教育年限を過ぎても、行く気にならなかった場合は、どうなるのだろう。「それは仕方ないですね」とか「学校がすべてではありません」とかになるのだろうか。

筆者が経験した不登校の場合、じっくりこどもの本音を聞いていくと、その多くが「できれば行きたい」、「でも行けない、不安で……」とかなり深刻そうな葛藤を抱えていた。少なくとも「学校は絶対嫌だ」と正面切ってはっきり意思を示したこどもはほとんどいなかった。だから、本人の心に響くようなかかわり、例えば、一対一でゆっくり寛げる時間と場所を作り、「君は、本当は、できれば、どうしたいのか」と尋ねてみる。しばらくの沈黙の後、うつむき加減で「できれば行きたい」と小さな声で返ってくれば、「そういう気持ちがあるなら自分に正直になって、乗り越えた方がいい、自分でやるしかないが乗り越えた先には自信が持てる、より確かな新しい自分が必ず待っている」と迫るようなかかわりも必要なのではないだろうか。このようなかかわり方は、人によっては、それはこどもに対する強制だ、不安なこどもの気持ちに配慮していない、と映るかもしれないが、果たしてそうだろうか。人にとって「不安」というものは、生きている限りずっとつきまとうものだから、ときにはそれと対峙し、乗り越えていくようなスタンスは重要に思われる。

それと、不登校に対する最近の学校側の対応も気になる。中学1年の女子の例である。友達間のトラブルを部活の顧問に相談していたが、あまり親身になってもらえず、学校を休んでいたところ、担任教師から連絡があった。相談室でいいから来ないかとのことだった。あまり気が進まなかったが、欠席日数も気になっていたため、相談室に登校した。何日か経った頃、今度はちょっとでも教室に行ってみようかと、半ば無理矢理、教室に連れて行かれ、相談室を逃げ場に使うなとも言われた。それ以来、相談室登校も怖くなり、不登校状態に陥った例である。相談室でもいいからと言っておきながら、行けば今度は教室に、そして逃げるなといったやり方は、本人にそうした気持ちの準備ができていなければ、「だまし討ち」になってしまい、信頼関係が一気に崩れてしまう。教室への登校を段階的に進めること自体は方法論として間違いではないが、やはり本人の気持ちを十分汲み取りながら、本人自らが乗り越えていくようなかかわり方が重要と思われる。また、繰り返すようだが、医師の診断書があれば、単位を補塡できるとか、欠席日数をカバーできるとか言うことは、果たして本当にこども本人のためなのか、それとも学校側の都合なのか。やはり主体性を育てるためにも、問題の主体はあくまでこども本人、とみていくことが必要ではないだろうか。

話を元に戻そう。主体性がみられず不登校状態になっているこどもたちの共通点であるが、ほとんど一日中、自室にこもり、現実に目を向けようとせず、先のことを考えようとしない点も似ている。今時のほとんどのこどもは自室をもっている。自室にこもっていても食事はちゃんと提供され、テレビやビデオの他Wi-Fiが完備されたネット環境の中で動画やゲーム、ＳＮ

Sなどプライベート空間の中で十分に楽しめてしまう。もはやこうした娯楽系は、ほとんどが個人仕様になっている。このように衣食住や楽しみが満たされているなかでは、現実から逃げていても、先のことを考えなくても暮らせてしまう、毎日が回ってしまう。この意味では、大人のかかわり方だけでなく、とりあえず生活できてしまうような状況も主体性を奪っているのかもしれない。

また、親の方も、こどもに現実を直視させ、これからどうしたいのかと迫るようなアプローチがほとんどみられない点でも共通している。そして、我が子のことを思うがあまり、どうしても過保護的、過干渉的なかかわりになってしまう、要するに意図するしないにかかわらず、親が面倒を見過ぎてしまう点でも共通している。そのうえで、うろたえ感も目立ち、問題の主体がこども本人ではなく、親になってしまっている点でも共通している。これではこどもの側に主体性が育つはずがないのではないだろうか。主体性は、各人がそれぞれ自分の目で現実を直視し、困り感や辛さ苦しさ、葛藤などを受け容れ、そのうえで、ではどうしていくか、将来できればどうなりたいかを常々考える過程の中で、自ずとにじみ出てくるものではないかと思う。

ところで、筆者が経験したこうした例は、衣食住にはほとんど困っていないこどもたちであった。その状況が主体性のなさを生み出している要因の一つではないかとみてきた。しかし、豊かになってきた一方で、経済的格差も広がってきていると言われる現在、中には衣食住に困る生活を強いられている家庭もあるはずである。おそらく今回の新型コロナ禍では、その格差がさらに広まっていることも考えられる。そうした家庭のこどもたちはどうなのだろうか。少なくとも衣食住にあまり困っていないこどもたちよりは、主体性を持っているのではないかと思われるのだが、果たして実際はどうなのだろうか。

それと、この原稿を執筆中、こうした主体性のなさ、弱さは、我が国において普通に生活している若者たちにも言えるのではないかという指摘があった。都内のある公共施設に勤務している人の話である。ある大学の教授に依頼され、学生に施設の概要や高齢者の生きがい、少子高齢社会の現状や問題点などについて講演を行った。講演内容は学生にとって分かりやすいように工夫したという。終わって質疑応答に入ったところ、誰一人として質問する学生がいなく、しばらく沈黙が続いたという。教授は困った様子で、「せっかくの機会だから誰か質問しなさい」と言って、ようやく1人か2人、ぼそぼそと意見が出てきた。しかしその意見は、少なくともこうした問題に自らが関与して真摯に向き合おうとしたものとは思えず、名門と言われる大学ですらこうか、と複雑な思いに駆られたという。

また、その大学で、高齢者と学生との対話集会を行った時、高齢者たちは自らの人生経験や社会に対する問題意識を熱く語った。それに比べ、ある学生は、長いこと劣等感から抜け出せない自分を語り、別の学生は、熱く語る高齢者に対して「皆さんは、何故、自己肯定感が強いのですか」と質問する。その質問に対して、高齢者は、「自己肯定感？　そんなこと意識したことがないよ。ただ、戦前戦後を、必死に生きてきただけだよ」と答えたという。

その後、今度は北欧のある国の高校生が視察に訪れたときのこと。施設を案内した後、通訳を介して、何か質問は？　と尋ねたところ、即、半数以上の生徒が挙手して質問してきたという。皆、真剣に聞いていた様子で、いずれの質問も、自らの疑問で語られたもので、的を射た内容であったという。高校生ながら先ほどの我が国の名門大学生を遥かに上回る気迫並びに精神的成熟性、そして何より主体性を感じたという。北欧といえば、スウェーデン在住のグレタ・トゥーンベリさん。地球温暖化の弊害など環境問題に主体的に取り組んでいる２００３年生まれの若干18歳である。主体性を持った人の代表格であろう。先ほどの北欧の高校生とかぶってくる。国民性の違いと一蹴できない、何か生き方に対する本質的な違いを感じてしまう。日本の若者のなかには主体性が確立できないまま、社会に出て、やがて結婚し親となり、我が子と向き合うようになる者もいるだろう。果たして、その子に対して本気になって向き合い、主体性を求めることができるのだろうか。

やはり、親や教師も含めて我々大人は、自身の在り方やこどもに対するかかわり方の本質を再検討しなければならなくなっているのではないだろうか。

ここで主体性の確立でもがいている例を紹介したい。

■高校1年の男子。有名難関校に合格し、入学した。しかし1週間登校しただけで行かなくなってしまった。最近は、自室にこもり、昼夜逆転状態。家族とは喋らず、家族が寝てから起き出し1人で食事をする。それ以外は自室にこもり、スマホやPCでYouTubeを見たりゲームをしたりしている様子。母親が部屋に入って話しかけても答えず、「悪いけど邪魔しないで」とだけ。中学では部活に時間をとられていたせいか、進学先ははっきりとは決めていないようだった。しかし成績は上位だったので、担任の勧めもあり、難関校を選択させてしまったとのこと。高校受験が近づいた頃、登校はしていたが疲れている様子で、学習塾は休みがちだった。合格発表の日、お祝いに食事に連れて行ったが、本人はあまりうれしそうではなかった。入学式も出席はしたものの、表情は今ひとつだったという。生来おとなしい子で、小学校の頃から自己主張が少ない子と評されてきたとのこと。父親は、ここ数年間、単身赴任で、月に数回帰宅するが、本人との会話はほとんどないという。

休み始めて、数カ月が経った頃、学校から単位が危ないと連絡があり、母親はその旨を本人に伝えたが、反応はなく、相変わらず部屋にこもってスマホでゲームをしている様子だった。また母親は、本人のこうした行動に対し、家族で生活しているのだからせめて挨拶くらいはするようにと少し強く言ったが、「ひとりにしてほしい」との返事ばかりだった。スマホやPCを取り上げることも考えたが、何か理由があって引きこもっているなかでの唯一の楽しみだろうからと思い直して、しばらくそのままにしていたという。しかし「話しかけないで」とか「勝手に入ってこないで」と要求があまりに一方的なので、思わずスマホを取り上げてしまったという。しかし母親が寝ている間に捜し出してしまった。

次は本人の話。（困っていることは？　と聞くと）「周りが心配するほどのことではないと思っている。そのうち……」（学校は？）「……親に勧められて入ったようなもの。でも、（進学先を）決めるとき、自分でもこの学校じゃ嫌だという選択肢もなかった。気持ち的にはどこかにあったのかもしれないけど……。自分は小さい頃から周りに積極的にかかわる方ではなかった。人見知りもあったのかもしれないけど」（中学校の部活は？）「人間関係はとくに問題なかったけど、勝つことが至上命令で疲れ切ってた」（入学後に休みだしたきっかけは？）「よく分からないけど、入学して少し経った頃、どうしても行きたくなくて休んだら、あとずるずると行かなくなってしまった。なんか今まで自分の中にたまっていたものが一気に吹き出した感じ」（たまっていたものとは？）「……よく分からない」

以上が概要である。本人は、小さい頃から自己を主張することが弱く、その意味では主体性も弱かったとみられ、この時期に来てようやく主体性の確立にもがきだしたようにもうかがえる。引きこもりに至ったことは、家族や周囲に対する反抗心というよりは、自分自身と対峙しているようにも思われた。だとすれば、自分自身を確立するうえでのチャンス到来とも言えるかもしれない。ゲームは依存症的というよりも、引きこもる中で方向性が見出せず、ゲームの世界に逃避しているという方が当たっているかもしれない。ゲームに対する注意はすべきだが、取り上げるよりは、「できればこれからどうしたいのか」と投げかける方が本人と噛み合うように思える。その役割の一人に父親も加わる方が望ましいが、面と向かってではなく、まず手紙やメールなどでそうしたメッセージを送る方が、効果が期待されるように思われた。

昼夜逆転の引きこもり状態だが、本人の中に「なんとかなるかも」という思いがうかがえ、その意味では少なくともかなり深刻な状態にあるとも言いがたい。しかし、引きこもりから抜け出す具体的なきっかけが出てこなければ、長引く可能性は十分にある。またゲームに対して依存性が出る可能性も十分にある。様子を見ながら何らかのきっかけを作って外に連れ出す試みは必要と思われる。

次は、女子の例。

■高校2年の女子。不登校状態。親のうろたえ感が目立つ例。小中学校と一生懸命に頑張ってきた娘が、1学期の終わり頃から突然登校しなくなったとのこと。夏休みに入ってからは夜遅くまでPCでインターネットにのめり込み放題。起床は昼近くでほとんど昼夜逆転の生活。学校の模試はさぼり、課題も提出しなかった。2学期になっても登校していない。登校するよう迫るとトイレにこもる。学校からスクールカウンセリング（SC）を受けてみてはとの勧めもあって、その旨を本人に伝えたが応答なし。新しいスマホを買ってやることと引き替えにS

Cを受けてもらったが、何の変化もなかったとのこと。学校からはあと5回休むと留年と言われている。本人は「何のために勉強するのかわからなくなってきた。もういろいろ面倒くさくなった。高卒認定試験を受けて、将来はファッション関係の仕事に就きたい。ちゃんとできないことはやりたくない。だからこのまま不登校でいい」とのことだった。家族によると、本人の性格は、感受性が強く生真面目で几帳面、完璧性も併せ持ち、白か黒か的な性格とのこと。母親もよくよく参ってしまって、夜眠れない様子。父親は、「親として甚だ困る。この世の中、高校だけは出ておかないと社会でやっていけないはず。何とか学校に戻ってほしい。解決策を具体的に教えてほしい。例えば、登校するようになるカウンセリングや薬はないか？」とのことだった。

このケースでは、困り感は、本人よりも親、とくに父親に目立ち、うろたえ感も強かった。やはり問題の主体が本人でなく、親になってしまっている。父親は確かに困っているのだろうが、実際にもっと困っているのは本人のはずで、今までひたすら頑張ってきたのが、これでいいのかといった疑問が芽生え、閉塞感の中で性格傾向も関与して、いくらか燃え尽きてしまった状態とも受け取れる。見方を変えれば、ひたすら頑張ってきたことに迷いが生じ、もがきながらも自分自身と向き合うようになったとみることもでき、この意味ではちゃんと成長してきている。PCにのめり込み、昼夜逆転の生活状態は現実逃避ではあるが、本人の心的状態からは、おそらく一過性とみられる。今、重要なことは、本人に気持ちや考え方を整理させ、将来に向けて心的エネルギーを充足させ、「生きがい」作りへの動機付けを高めることであろう。留年にならないよう単位確保で登校させることだけをアプローチの基本に据えてしまうと、本質的な解決には結びつかないように思われる。娘の将来を案じ、登校させることだけを考え、「カウンセリング」や「薬」を処方すれば問題解決につながると考えていること自体が本人との亀裂を深くしているようにみられる。親の気持ちはよくわかるが、「安直な手立て」はない。こうなったら親もどっしり構え、たとえ留年になっても、本人に「これから何をどうしたいのか、どう生きていくのか」について十分に時間をかけ前向きに考えさせることが最も確かな解決策ではないかと思われるが、いかがだろうか。

自分本位（ジコチュー）のこどもたち

【ポイント】

■周囲を気にせず自分勝手、我慢ができず、思い通りにならないとキレやすい

■安心・安全の中で、衣食住が満たされ、小さい頃からだいたい思い通りになる生活

■「個」が尊重される波に乗って、こどもの在り方も多様化、自分本位も

■兄弟の少なさも影響

■こどもに毅然と向き合えない親

■最近は親もジコチュー傾向

自分本位、周囲を気にせず自分勝手、思い通りにしたがる、我慢ができず思い通りにならないとキレやすい、また、不安が強くマイペース、好きなことにはこだわるが嫌いなことは一切やらないというこどもたち。ここでもまずはその例から。

■小学3年の男児。学校での様子。勉強はよくできるが、思うようにいかないと物に当たることが多い。また、挙手して指されないと、さも不満そうに「僕の方がもっといい答えなのに」と大声で文句を言う。常に自分が優先されないと面白くない様子。人の間違えや失敗も大声で騒ぐ。また、人のものは勝手に使うのに自分のものを使われると騒ぐ。授業参観の案内の件で、担任から連絡帳に親の認め印が無いことを指摘されたとき、「僕はちゃんと見せた」と押し問答になってしまった。このときは親がたまたま認め印を忘れたとのことだった。思うようにいかないと言葉遣いも荒くなり、担任に対しても「じゃあ、お前がやれよ」と言い返したりすることもあるという。担任は新任で20代女性。また、気に入らない子の工作品を「へたくそ」と言って傷つけたことで、担任に叱られその旨が親に連絡され、親からもきつく叱られた翌日、学校で机に乗ったり大声を出したりして騒いだという。このことでまた担任や親に叱られるという悪循環がほかにもみられるという。要するに自分本位で、何か嫌なことがあると抑えが効かず、怒ったり泣いたりするため、周りに迷惑をかけてしまう様子。

しかし家ではこのようなことはほとんどみられないという。以下、母親の話。叱られるせいか、学校での問題行動を家に連絡されることを恐れている様子はあるみたい。発達的にはとくに問題なく、多動性や不注意もみられず、検診で指摘されることもなかった。小さい頃から欲しい物があると騒いではいたが、困ったというほどではなかった。ただ、自己主張は強く、兄弟同士でもめ事があると、兄の方が叱られることが多かった。ここ最近は、やはり遠慮が無く、

「我慢する」ということを知らないみたい。「思い通りにしたがる傾向」も強い。父親は仕事中心で、育児は、自分（母）に任せっきりだった。祖父母は何かにつけ甘やかすことが多かったという。

■小学2年の男児。学校での様子。興味のない教科だと出歩いて友達に話しかけたり廊下をフラフラしたりする。授業中、鼻歌を歌ったり、友達の注意を引きそうなことを大声で喋ったりする。退屈すると机や椅子を叩いたりして音を出す。理由を聞くと「ひまだから」と言う。好きな理科や図工だと授業にどんどん参加してくる。成績もよい。しかし算数の問題で解き方が分からなかったりすると泣き騒ぐ。そのくせ分かってしまえば嘘のように静かに取り組むようになる。ドッジボールでは自分にボールがこないとルールを無視して取り返し、喧嘩になる。給食では人と喋っていて食べ残すことが多い。

母親からみた家での様子。興味のあることは熱中するが、そうでないことはやらない。その差が激しい。工作やゲーム、マンガは1時間でも2時間でも没頭している。家で好きなことをしている分には学校から指摘されるような「問題行動」は目立たない。性格も明るい方。ただ、思い通りにいかないとそれを我慢することができない。この前、普段から馬鹿にされている友達の足をめがけてバットを投げてしまった。また、意見の違いで人とちょっと合わなかったりすると「いじめられた」という認識になるみたい。周囲に合わせて行動することをしない。マイペース。スポーツ少年団の野球では打つのはやりたがるが、外野で守備になるとその場を離れて遊び出す。

■高校2年の男子。思い通りにならないと家で暴れる。親に対して「オメー、テメー」で、怒り出すと感情を抑えられなくなる様子。とくに母親のことは「奴隷」扱いで、深夜1時過ぎ寝ている母親を起こして「コンビニに乗せていけ」と。もう遅いからと断ると暴れ出すので仕方なく車を出す。アニメ本が好きで、新刊が出ると「買ってこい」と。それも手垢のついていないきれいな本でないと怒り出す。家ではいつも支配的で上から目線的態度。発達はとくに問題がなかったが、ようやくできた子で、小さい頃から熱を出しやすかったため、どうしても腫れ物に触るような感じで過保護的になってしまったとのこと。また性格は内弁慶的で、家の中では、思い通りにしたがる傾向がみられ、成長とともにそれが強くなり、思い通りにならないと暴れることが目立つようになった。小学生の頃は家族でのキャンピングなどにもよくついてきていたが、中学になった頃から家族とは出かけたがらなくなった。学校の成績は、小学校では上位だったが、中学になってゲームやアニメにのめり込むようになってから次第に低下。中学2年になった頃から学校欠席や暴力的態度が目立つようになった。中2の夏頃、深夜に自転車でコンビニに行き、たまたま居合わせた警官に注意されたことがあった。これ以来、母親に向かって「乗せていけ」と要求するようになったらしい。中3の後半になっても高校入試の受験勉強はまったくやらず、自室にこもりゲームやアニメで遊んでばかりだったので、今まであまり怒らなかった父親が、いい加減にしろと怒ったら、少しの間はおとなしくなったものの、今度は夜中にテレビの音量を上げ、家族の睡眠を妨害するようになったなど、身勝手な行動はどんどんエスカレートしていったとのこと。

母親は不憫さも手伝ってほとんど息子の言いなり状態、父親もたまりかねて叱責はするものの親としての一貫した毅然的態度に欠ける様子。また両親とも、世間体を気にした「腫れ物に触るような」態度が目立った。本人も一人っ子ということもあり、小さい頃からの内弁慶的な性格や態度が、このような親とのやりとりの中で「自分本位さ」、「身勝手さ」を増長させ、思うようにいかないと暴れることがエスカレートして家庭内暴力へつながっていった様子がうかがえる。本人には親の出方を見ながら暴力的態度をエスカレートさせている面もみられ、こうした息子の言いなりの状態が、さらに事態を悪化させているともみられる。

こうした相談に対して、次のことを提案した。まず本人に対して、言いなりにならないという気持ちを両親間でできるだけ一致させる。そのうえで、怯まず恐れず毅然とした態度で親の気持ちをきちんと伝える。できれば、父親と2人だけで遠距離ドライブにでも出かけ、父親の気持ちを伝え、また本人の気持ちも引き出す。本当はどんな気持ちでいるのかとか、できればどうなりたいのかなどを聞く。おそらく同性の親とだけであれば、暴力的態度には出ないと思われ、ある程度の内省が引き出される可能性もある。親として注意指導するというスタンスではなく、本人を「困っているひとりのこども」とみて手を差し伸べるようなかかわりがいいのかもしれない。どんなこどもでも、真に優しくされたことは必ず心に響くはずである。また、本人のみならず、親としての主体性を確立させていくことも重要であろう。

それにしても、このケースもいわゆるごく普通の一般家庭で、衣食住は十分に満たされ、自室も与えられ、こどもとして欲しいものはだいたい手に入るという生活で、少なくとも戦後まもなくの昭和の世代に育った筆者としては、物的には恵まれている、いや恵まれ過ぎていると思われる。親の方はというと、一人っ子ということもあり、息子の押しの強さもあって言いなりになってしまう。そうした状況が、こどもの自己中心性や思い通りにしたがる傾向を増幅させていったのかもしれない。

*　*　*

ここで「自分本位」について少し考えてみたい。戦後、とくに昭和から平成にかけて、高度経済成長とともに、大方の家庭で「衣食住」が一通り満たされるようになった。そして「個人」及び「その在り方」が尊重されるようになり、その波に乗って、こどもたちの「在り方」も多様化し、「自由」や「個性」、「自己主張」の下に、ある程度の「自分本位」は大目にみられるようになったとみられる。さらに「安心・安全」の風潮も高まり、こどもたちは守られるなかで、物的にも精神的にも家庭内ではだいたい「思い通り」になる生活で育つようになった。兄弟数が少なく、さらには一人っ子とかであればなおさらである。ただ、この「思い通り」というのは、その満足感に行き着くことはなく、満たされるほどにどんどんエスカレートしてしまう性質がある。そのエスカレートした状態が、見方によっては、周囲を顧みないことで不評を買うような「自分本位」、「ジコチュー」と映るのではないだろうか。

小学6年の男児で、やはり一人っ子の例である。思い通りにいかないとすぐイライラする。リトルリーグで打てなかっただけでイライラする。自分のものを人に貸せない。風呂は一番でないと嫌がる。好きな授業は積極的だが、嫌いな授業は下を向いたまま。こうした行動を父親はほとんど注意せず、高額でもゲーム機など欲しがるものはすぐ与えてしまうという例であった。

どうも人というのはいろいろ恵まれ過ぎると、ジコチュー傾向が強まるような気がする。そして、「自分本位」、「ジコチュー」は、物的な豊かさや「個人の自由」という価値観の拡大に加え、ある意味で少子化がもたらす弊害と言えなくもない。複数の兄弟姉妹がいる中で育っていれば、ジコチュー傾向はごく自然に、ある程度は抑えられる。親も他のこどもたちの手前、本人の言うことだけを聞くわけにはいかず、また本人自身も他の兄弟の目を気にしないわけにいかず、「自分だけ」という気持ちは自然に抑えられ、その結果、周囲に対する配慮や我慢する力、心的耐性が育っていくのではないだろうか。

また、最近の傾向として、こどもだけでなく親の方も心的耐性が低く、ジコチュー傾向がみられるようである。極端な例では、あるシングルマザーが幼児の我が子をマンションの一室に置き去りにし、数日間遊びに出かけ、幼児が餓死してしまった例など、この手の事件が後を絶たない。親の方もそれぞれ「ジコチュー」スタンスで「より自由に」、「より思い通りに」とジコチューレベルをエスカレートさせていけば、家族内は個人志向が強まり、助け合う、我慢し合うといった家族社会が成り立たなくなり、家族はばらばらになり、やがては崩壊してしまう。離婚も増える。離婚の増加の要因はいろいろあるだろうが、ひとつには、こうした個人のジコチュー傾向、言い換えれば自由志向の拡大が背景にあるのではないだろうか。もっとも離婚の増加には、女性が経済的に自立できるようになってきたことも関与していると思う。例えば、旦那の方の身勝手な問題で夫婦の関係がうまくいかなくなった場合、婚姻関係を解消してもなんとか生活ができるのであれば、「無理してこんなのと一緒にいなくても」となるのではないだろうか。この場合、こういう女性をジコチューとは言わないだろうが、概して人は、物的、経済的に満たされてくると、ジコチュー傾向が強まるような気がしてならない。

さらに「ジコチュー」レベルが家庭内にとどまらず、いろいろな社会的場面でも上昇すると、その状況下での不協和音は激しくなる。教育の場では、学校に対し自己中心的で理不尽な要求をする親、「モンスターペアレント」も登場した。

また、ジコチュー傾向が強まると周囲の人に対する配慮は弱まる。そうなれば人の気持ちが読みにくくなる。そして、周囲と不協和音が生じた場合、「空気を読めない」等と言われ、発達障害を疑われる場合もある。これについては、発達障害の項でも取り上げたい。

発達障害では？　と指摘されるこどもたち

【ポイント】

■「発達障害」は、何らかの生物学的要因による脳機能障害とされている
■こどもが「少し変わっている」と、すぐ「発達障害？」とみる最近の傾向
■性格や環境など、その子の心理的背景にあまり目を配ろうとしない
■学校などが発達障害を疑う「問題行動」の例（小学校低学年の場合）
■「発達障害」の症状は軽微になると「正常範囲」との境界が不鮮明に
■「グレーゾーン」疑いの例
■「発達障害」は、発達障害者支援法（２００４年）の成立後、「増加」が目立つ
■脳の機能障害とされている「発達障害」は本当に増えているのだろうか？
■こどもの「有り様」の正常範囲が狭くなってはいないか
■「異種異形排除」の空気も背景にあるのでは
■こどもを育む力が弱体化してきているのではないか
■「発達障害？」とみる最近の傾向を懐疑的に見る人は少なくない

最近、こどもが「少し変わっている」と、すぐ「発達障害？」とみる傾向が目立つようである。例えば、「人とのかかわりが下手」、「協調性がない」、「何かと対人トラブルが多い」、「自己主張が強い」、「場の雰囲気をつかむのが下手で、空気が読めない（KY）」、「人を避ける傾向が強い」、「人見知りが強い」、「視線を避けがち」、「こもりやすい」などに対して、対人関係の障害がありそうだからASD（自閉症スペクトラム障害）ではないかとか。また、「マイペース過ぎる」、「好きなことにはとことんこだわるが、関心がないことにはさっぱり」、「オタクっぽい」、「ゲームにのめり込んでいる」、「何かと確認しないと気が済まないようだ」、「身体的不調にやたらこだわる」などに対して、これもこだわり傾向が強そうだからASDではないかとか。また、「落ち着きがない」、『よく走り回っている」、「おしゃべりが多い」、「忘れ物が多い」、「一つのことをじっとやることが苦手」、「人の話をよく聞かないことが多い」、「指示に従えないことが多い」、「計画的にすることが苦手」、「飽きっぽい」、「キレやすい」等に対して、ADHD（注意欠如／多動性障害）ではないかとかいった具合である。

発達障害の詳細については専門成書を参考にしていただきたいが、DSM－5（精神疾患の診断・統計マニュアル　第5版）では、神経発達障害群として位置づけられ、知的能力障害群、コミュニケーション障害群、自閉症スペクトラム障害、注意欠如・多動性障害、限局性学習障害、運動障害群などに分類され、病因は特定されていないものの何らかの生物学的要因が考えられている。本邦でも発達障害者支援法（２００４年）で「『発達障害』とは、自閉症、アスペルガー症候群その他の広汎性発達障害、学習障害、注意欠陥多動性障害その他これに類する脳機能の障害であってその症状が通常低年齢において発現するものとして政令で定めるものをいう」とされている。なお、知的能力障害も発達障害のひとつであるが、支援法として既に知的障害者福祉法（１９６０年）が制定されていることから、今回の「発達障害者支援法」からは除外されたものとみられる。

つまり、発達障害は背景に何らかの脳の機能障害が想定されており、「少し変わっていることども」を発達障害としてみようとする昨今の傾向は、要するに「脳機能障害」としてみようとすることになり、そこにはこどもの性格傾向や置かれた環境など心理的背景に対する配慮があまりなされていないのではないかと疑いたくなってしまう。

まずは具体例からみていただきたい。

■小学1年の男児。クラス担任からおしゃべりや忘れ物が多い、一度診てもらってはと言われた。本人の話。（問題は？）「先生が怖い。怒られる」（どんなことで？）「授業中におしゃべりしたとき。あと忘れ物したとき。忘れ物は多いときは多い。この前、体操服や筆箱、音楽ノートをいっぺんに忘れた。朝は忙しいからちゃんと確認するのを忘れちゃう。先週は縄跳びのひもを忘れた。怒られたけど先生が貸してくれた」（学校は楽しい？）「うん、楽しいよ。友達もいるよ。中休みに外で遊んだり、昔遊びの綾取りやったりしてる」（勉強は？）「好きだよ。

算数とか国語も100点だよ」次に母親の話。この前、担任から呼び出され、「おしゃべりがうるさいから一番前の席にしました」とか「忘れ物が多くて困ります、ちゃんとみてやってください」とか言われた。給食もおしゃべりに夢中になって半分しか食べてないみたい。いま、この子と自分（母）だけの生活。でも、自分の帰りが少し遅くなると風呂を掃除し沸かしておいてくれたりする。お米をといでおいてくれたこともあった。朝は自分の方が先に出るのでこの子が鍵をかけていく。この子は何かにつけ自分（母）のことを気遣ってくれる。不平不満は言ったことがない。忘れ物はこちらも確認してやればいいんだけれど、こういう生活だからまあしょうがないかなと思うときがある。ちゃんとやってくれているので、ときどき無理をさせているのかなと不安に思うことがある。担任からはいろいろと細かく連絡が来る。なんか複雑な感じです、とのことだった。

どうだろうか。発達障害疑いとの紹介で来られたが、発達障害的様相はみられず、もちろん神経学的検査や心理検査の結果も問題なかった。むしろ小学1年の男児にしてはかなりしっかりしているとさえ思われた。問題となったおしゃべりや忘れ物は、6歳の男児であることを考えれば異常とは言えない。隣の子との「おしゃべり」はクラス内で孤立状態にはなく、少なくとも不適応状態にはないことの証しかもしれない。コミュニケーション能力や思いやり、社会性も発達している。母子共々懸命に生活している様子がうかがえ、これからも今のスタンスで本人を不憫に思わず、「苦労は買ってでもしろ」の格言通り、できそうなことはさせていく方がよいと思われる。「よく頑張っているね、お母さんも頑張るから」と褒めながら、担任の「細かい」指摘はときには聞き流す方がよいと伝えた。

■小学3年の男児。担任から、空気を読めない、発達障害（ASD）では？　と言われている。（本人に対して問題は？　と聞くと）「多分、この前、友達のことを叩いてしまったことかな」（何で？）「読書中に顔をのぞき込まれて、文句言われたから、馬鹿にされたと思った」（どこを叩いたの？）「背中、でもグーではやらなかったよ」母親の話。この前、友達と喧嘩し、叩いてしまったことで学校から呼び出された。読書の時間中に、読んでいる内容が面白かったのかいきなり笑い出したことで、前の席の子（男児）が馬鹿にしたような態度でこの子の顔をのぞき込んだらしい。このことで担任から、相手も悪いが、この子も「（黙読時間中に声を出して笑ったことで）空気が読めないのでは？　一度診てもらっては？」と言われた。1学期のときも何か些細なことで友達から気にすることを言われ、相手を突き飛ばしてしまい、やはり呼び出されたことがあった。家ではとくに問題なく、年齢が離れた兄から少しくらいきつく言われても我慢してちゃんと聞いている。自分（母親）の身体の具合が悪いと「大丈夫？」と心配そうに声をかけてくる。勉強の成績も悪くない。ただ友達はあまりいなく、一人でも平気な方。周囲のことはあまり気にしない方。（再度、本人に読書の件を尋ねると）「あー、そのこと、面白かったからつい笑っちゃった」（自分の問題は？）「ちょっとしたことで怒っちゃうこと」

（我慢ができない？）「あー、それあります」

以上が概要である。面談では、右記のように、会話などやりとりには問題なく、ちゃんと視線を合わせて話すことができた。自分勝手な行動もみられず、落ち着きもある。周囲をあまり気にしないマイペースさは目立つが、病的というほどでもなさそうで、発達段階における個性の範囲ともみられる。また「キレやすさ」も状況や年齢を考えれば異常と言うほどではないと思われた。

友達との言い争いや喧嘩であるが、このケースに限らず、少なくとも小学校の低学年ではむしろ経験した方がよいと考える。こどもたちがそれぞれ思い思いに感情を伴ったリアルな生活体験をすることで、対人感情をコントロールすることや人との適切な距離感をつかむことなど社会性が育っていくのではないだろうか。言うまでもなく、学校はこどもたちの社会であり、教科書だけでなく人間関係も勉強する場でもある。このように考えると、友達間のこの程度の争い事をネガティブな出来事ととらえ、しないように指導し、しかも起きた場合は親に連絡するという教師のスタンスはいかがなものだろうか。こどもの教育に対する教師のスタンス、主体性が問われるような気がしてならない。

また、このケースだけでなく、集団から「はみ出てしまう子」を即、「発達障害では？」とみる傾向が昨今特に目立つ。そこには偏見としての「異種異形排除」の独断的見方があるのではないだろうか。２０１６年に起きた「相模原障害者施設殺傷事件」はこの見方が極端化したものかもしれない。こどもだけでなく人間の「正常範囲」を広くとるような見方や対応が求められる。

■中学3年の女子。紹介元からの主訴は、「不登校で友達関係が上手くいかない」であった。本人の主訴はめまいであったが、身体的には問題はなかった。学校側は、友達関係が上手くいかないのはASD傾向があるからではないか、とのことだった。心理的背景をさぐると、クラス内の「ボス」的な女子とその取り巻きから「いじめ」とも受け取れるような「威圧的」言動を常日頃受けていた様子で、こうしたネガティブな友達関係がストレス因の一つとみられ、めまいや不登校の原因と考えられた。相談に来られた当初は、この女子たちの話題になると、いくらか怯えるような様子がみられた。複数回、面談を重ねて慣れてきた頃、できることならどうしたい？　と聞くと、「できれば普通に登校したい」とのことだったので、対人関係がらみの思春期葛藤を乗り越えさせる方向でアプローチを試みることにした。そこで、そのような女子たちとは距離を置き、「来る者拒まず、去る者追わず」の気持ちで、今は自分の利益を大事にした方がよい旨をまず伝えた。勉強の成績がよかったことから、別室（相談室）に登校し、そこで思う存分テスト勉強をし、今度の中間テストでさらにいい成績をとって、「ボス」的な子を見返してはと提案、やるにはテスト前の今がチャンスと話したところ、遅刻しながらも毎日別室に登校するようになった。テストの成績は期待通りの結果となり、いくらか自信をつけた様子であった。ストレス状況はその後も続いたが、しばらくして自らこの女子たちとの

ＬＩＮＥから抜けるなど本人に主体的な行動が出てきて、当初みられた怯え感は弱くなってきた。次第に、給食を運んでくれる数人の友達との接点ができ、教室にも少しずつ顔を出すようになった。それと引き替えにめまいの訴えはいつの間にか消えていた。主体性をさらに引き出すため、これからは自分で考えてやってみて、ある程度結果が出たら、自分で予約を入れて来談するように伝えたところ、しばらくして自ら予約を入れ、「３学期は何とか登校でき、希望する高校にも合格できた」と伝えに来た。

このケースは、思春期によくみられる、対人関係が上手くいかないことからの不適応状態で、それに伴う不登校とみられた。クラスでいわゆる「幅を利かせる」女子たちからの「威圧的」な言動がストレスとなっていたようで、同じように感じていた子は他にも結構いた様子であった。対人関係やコミュニケーションなど、基本的には問題はみられなかった。

このケースもそうだが、最近、対人関係に問題があるとすぐ「ＡＳＤではないか？」とみる傾向が、とくに教育現場で目立つ。この傾向は、ひとつには、定型発達（発達障害ではない）との境界が不鮮明とされているＡＳＤなど発達障害の概念の曖昧さが関与しているとみられる。医療機関も、診断基準の曖昧さ故に、発達障害ではないと明確に否定しにくく、結果「その疑い」となり、これが発達障害の「過剰診断」につながっていることも考えられる。不安感の強い人は思い込みも強い傾向にあり、また周囲に過敏に反応してしまうことで対人関係が上手くいかなくなることはよくあり、思春期ならなおさらと思われる。

■高校1年の女子。主訴は、朝起きられず学校欠席が目立ち、家ではキレやすく家族との言い争いが多いとのこと。（本人に対して来談理由は？）「なんか……イライラして……」（学校は？）「希望校だったけど、雰囲気が悪くて……。茶道部に入ったけど、どうしてもなじめなくて……、演劇部に転部した。けど途中からだったのでなかなか覚えられなくて、周りから文句を言われ（涙目で）……、でも部活は必修だし……。休んだのは合わせて10日間くらい、続けては休まないようにしている。高校はちゃんと卒業したいと思っている。大学にも行きたい」（家では？）「家族ともうまくいっていない、ちょっとしたことでシネと言われる……。この前、父親と会ったことで母親に嫌みを言われた」（イライラ感？）「いつもある、気分の浮き沈みも」（学校での相談相手は？）「いない」

次は母親の話。小学3年の時、担任から「忘れ物が多く、片付けもちゃんとできない、発達障害があるかもしれないから一度診てもらうように」と言われ、病院に連れて行った。ADHDと言われ薬が処方され、しばらく飲んだがとくに変化はなかった。家ではキレやすく暴言が多い。休日は一日中寝ている。そしてスマホ依存。確かに可哀想な面はあるが、ネットで調べてもADHDとしか思えないとのことであった。

必修の部活を含めて「思うようにいかない」学校のことがかなりのストレスになっているが、それと同等もしくはそれ以上に、両親が別居に至った家庭環境のストレス、父親への思いなど家族に対する葛藤もうかがえる。そして、そのような心的環境にありながらも、本人なりに頑張ろうとしている様子が伝わってくる。育ってきた心理的背景からみれば、忘れ物が多いとか、片付けがちゃんとできないとか、集中力に欠けるなどADHDまがいの行動がみられても何らおかしくない。母親も学校も、こうした本人の気持ちをほとんど受け止めることなく、表面的行動だけで「発達障害」としてみようとしている。まずは本人の気持ちに寄り添い、頑張ろうとしている態度をねぎらい、そのうえで「できればどうしたい？」と問い、少しずつ本人の主体性を引き出すことが肝要と思われた。それにしても、問題的行動を、すぐ発達障害と結びつける見方は、昨今の特徴であり、はなはだ疑問を感じる。

■高校1年の男子。都内の有名私立進学校。学校の行事やテストの日程などをきちんと把握せず、参加できなかったり、追試になったり、この追試の日程すらいい加減だったりとのこと。このことで学校から親元に連絡が来るが、本人はあまり困ってなさそうで、悩んでいる様子もなく、いつも「まあ、いいじゃん」とあっけらかんとしているという。学校側は、はっきりとは言わなかったが、どうも発達障害を疑っているみたいだったという。中学生のときも忘れ物などが目立ったが、友達から借りたりして一向に困った様子はみられなかったという。性格は、細かいことにはあまりこだわらない方で、くよくよしているところはあまりみたことがないとのこと。学校から指摘された件で注意すると、「ほかの子だって何人かはこうだから」と言ってくる。この前、テレビで発達障害の番組を見たが、うちの子も当てはまるところがあるような気がする。親としてどうしてあげればいいか、とのことだった。

本人は、学校を休みたくないとの理由で来院しなかった。様子を聞く限り不注意な傾向はいくらかありそうだが、これまで特段支障なく現在に至っているわけだから、少なくともそう深刻な状態ではなさそう。性格面からみれば、おおらかであまりくよくよしないといった、むしろ人としてなかなか優れた面を持っているとみられる。こうしたＡＤＨＤまがいの人は多々いる。こういう人たちを障害とみるか、個性とみるか、どうだろうか。

このケースの場合も、本人ではなく学校や親の問題になっている。本人には困り感がほとんどなさそう。本人が困っていない以上、解決には向かない。やはりまずは本人の主体的態度を尊重した方がよいと伝えた。

以上、発達障害を疑われた5例であるが、いずれも学校からであった。他の例でも、学校からの訴えが目立った。

次に挙げるのは、学校が発達障害を疑う「問題」行動の例で、小学校低学年の場合である。

- 自分勝手な行動が多い。
- 授業中にふらっと出歩く。公開授業でも離席する。

■授業中にピコ太郎のまねをして周囲を笑わせ授業を「妨害」した。
■校庭で木登りして枝を折った。
■宿題をやってこない。
■自分の意見が通らないとすねる。
■馬鹿にされたと勝手に思い込み怒り出す。
■人の間違えや失敗は大声で騒ぐ。
■集団行動から外れても気にしない。注意すれば合わせるがまた外れる。
■授業が始まってしばらくしてから教室に入ってくる（学校はノーチャイム）。
■人の物は勝手に使うのに、自分の物を使われると騒ぐ。
■些細なことで隣の席の子とけんか、手が出て泣かせてしまった。
■ブランコに乗っていた小さな子を後ろから押したらその子が落ちてしまい額に擦り傷をつくった（本人曰く、遊んであげようと押したら落ちてしまった）。
■登校してもランドセルを片付けないでボーッとしている。何回か声をかけられてようやく片付け始める。30分かかることもある。
■水筒を決められた場所に置かず机の上に置いたまま。
■学習用具を出すのに時間がかかる。
■授業中でもふらっと学習計画表を見に行く。勝手に出歩く。

■工作が大好きで材料集めから作る過程を事細かに話して聞かせる（教師はこだわり行動とみる）。

■文字がちゃんとした形にならず無駄書きが多い……など。

どうだろうか。小学校低学年のやや幼い男児ならば、誰しもやりそうなことばかりと思われるが。このような行動で発達障害を疑われるとなると、ちゃんと行動できない子はみな発達障害にされそうである。以前、似たような「問題行動」のことで、「小学1年にもなれば誰もこんなことはしません」と言っていた教師がいた。また、そつなくきちんとやっている子に対して「ちゃんとできて当たり前ですから私は褒めません」とも話した。この背景に、平均的水準のこどもの発達の早期化（発達加速現象）も考えられるが、こどもに対する教師の受け容れ許容度も低くなっていないだろうか。

一方、自閉症スペクトラムや注意欠如／多動性障害（ＡＤＨＤ）、学習障害（ＬＤ）などの発達障害は、定型発達（発達障害ではない）との境界が不鮮明とされている（内山、２００８年）が、筆者も「発達障害」の症状や問題行動が軽微になると「正常範囲」との境界は不鮮明になるとみている。図1から図３は、対人関係面、こだわり行動の面、落ち着きがない、集中力がないといった観点で見た不鮮明の例である。

不鮮明の例：対人関係

人との関わり方が下手
協調性がない
トラブルが結構多い
自己主張が強い
場の雰囲気をつかむのが下手・空気が読めない（KY）
人を避ける傾向が強い（対人不安が強い）
人見知りが強い
視線を避けがち
こもりやすい

自閉症スペクトラム障害？　⇔　定型発達内の性格傾向？

この鑑別が問題

図1

不鮮明の例：こだわり

マイペースへのこだわり
好きなことにはとことんこだわる。趣味が高じて・・・
スマホ依存・ネット依存
オタクやアキバ系
関心ないことにはさっぱり
嗜癖（ゲーム・ギャンブル・仕事・買い物などへの依存・中毒）
不安回避へのこだわり（確認強迫など）
身体不調や自覚症状への神経質なこだわり（心気症）など

自閉症スペクトラム障害？　⇔　定型発達内の性格傾向？

この鑑別が問題

図2

不鮮明な例は「グレーゾーン」例と言い換えることもできる。次は、その「グレーゾーン疑い」が考えられた例である。

■【ASDのグレーゾーン？】小学1年の男児。一人っ子。母親の話。朝、機嫌良く起きてきたためしがない。暑いとか寒いとか、あれがないとかこれがないとか文句ばかり。ついこちらも怒ってばかりになってしまう。また、なんでも細かく聞いてくるので、話をしていると、しまいにイライラしてくる。「ハサミはどこにあるの？」と聞いてくるので、指さしてあそこの引き出しにあるよと言うと、「あそこじゃ分からないよ、ちゃんと（具体的に）言ってよ」と返してくる。なんか言葉にこだわる感じ。素直じゃない。日光浴も大事と思い、外に連れ出すと、セミの鳴き声がうるさいと文句を言い、

不鮮明の例：落ち着きがない，集中力がない

落ち着きがない
よく走り回っている
おしゃべりが多い
一つのことをじっとやることが苦手
人の話をよく聞かないことが多い
指示に従えないことが多い
計画的にすることが苦手
飽きっぽい
キレやすい

注意欠如/多動性障害？ ⇔ **定型発達内のやや幼い子？**
（とくに男児は幼い）

この鑑別が問題

図3

持っていたおにぎりを落としてしまうと泣き出す。これを見ていた通りがかりの人が、大変ですねとささやいた。幼児期の発達にはとくに問題なく、検診でも何も指摘はされなかった。言葉も早かった。性格は、わがままで、思い通りにしたがる方。でも学校からは「何も問題ない、クラスの中ではリーダー格です」と言われる。父親は、仕事でほとんど家にいない。

この例は、言語や物事にこだわる傾向が目立ち、また感覚過敏の傾向もうかがえるが、会話や対人関係は明らかに病的というほどではなさそうで、少なくとも明らかなASDとまでは言い切れない。わがままや自己中心性は確かに強そうで、不安や緊張感、強迫傾向もうかがえるが、養育環境や生来性の性格ということでもある程度説明がつく。あえて言えばASDのグレーゾーン例か。まだ低年齢でもあるので様子を見ていく必要はある。まず、こどものペースにのらないようにする。そして言いなりにならないよう親子の力関係をきちんと保ちながら、こどもに主体性を持たせ、適切な距離でかかわるようにする。父親には仕事の合間を見て男親としてかかわってもらうようにするなどを伝えた。

■【ADHDのグレーゾーン？】小学1年の男児。学校からADHDを疑われた例。学校側の指摘は、自己主張が強く我慢することができない。思い通りにならないと不快感をあらわにする。学習教材を使う際、自分勝手にやって失敗することが多い。授業中の離席が目立ち、勝手に鼻をかみに出歩き、ついでにトイレに行ったりする。挙手して指名されないと悪態をつくことがある。友達とトラブルを起こすと、ときに手が出る。他のことに気をとられると今やらなければならないことを忘れる。例えば、給食の片づけ中に友達と遊びだし、自分の食器だけが残ってしまったりする。気持ちの切り替えができず、友達とのトラブルを授業が始まってからも引きずる。しかし、知的発達水準は高く、以上の傾向も学校に慣れるに従い改善傾向はみられるとのことだった。これに対して親はどう見ていたか。挙手の問題は、算数の計算で、掛け算（授業ではまだやっていない）を使った方が早いと言いたかったらしい。先生の説明を最後まで聞かずにやり始めてしまうことは確かにある。それと、上下の関係を無視し、上級生（小学5年）に対しても「それはおかしい」と言ってしまうことでトラブルになったりする。確かに自己主張は強いと思う。次は、本人の言い分である。（学校で何が問題なんだと思う？と聞くと）「多分動きが遅いところ。例えば給食を食べるのが遅いんだと思う」（自分勝手な面はある？）「うん、ちょっとだけある。例えばグループでやってるときに自分の意見を押しつけたりしてしまうとこ」（挙手して指名されないと文句を言うことは？）「あるよ。だって自分だって意見を言いたいもん。1回も指されないと嫌になっちゃう」（担任の先生は好き？）「うーん、好きでも嫌いでもない、微妙」

この例は、面談では多動性や注意散漫などはみられず、1時間を超える心理検査も集中して取り組めた。神経学的所見や心理検査結果も特に問題なく、明らかなADHDとは考えにくく、強いて言うならそのグレーゾーン疑いと考えられた。

■【ＡＳＤのグレーゾーン？】小学６年の男児。主訴は、友達が少なく、最近怒りっぽくなったこと。発達歴はとくに問題ないが、小さい頃から一人遊びが好きで、友達を誘って遊ぶということがほとんどなかった様子。小学６年になってからも、いつも休み時間は一人で絵を描いている。子供会の花火大会も一人でぽつんと見ていた。見ていて寂しそうだったと母親は言う。本人は友達に断られるのが嫌だから誘わないんだと言う。性格傾向は、生真面目で頑張り屋、不安感は強い方。小学２年の頃、出かけた先で迷子になってしまい、パニック状態になって「ママとパパが悪いからだ、なんでちゃんと見てなかったんだ」と責められたことがあった。読書カードなどはきちんと記録する。夏休みの宿題も休みに入って２〜３日で終わらせてしまう。勉強はできる方。生活態度はこどもにしてはきちんとしている方で、周囲に認められたい気持ちもあるみたい。ただ、他の子もきちんとしないと許せない方。またドッジボールでアウトとされたとき、本人はセーフだと思ったのか怒って先生に抗議する場面もあったとのこと。小学４年の時の担任は、「まあ、大丈夫でしょう」とのことだったが、６年の担任が、友達関係の少なさを見て、発達障害ではないか？　とのことだった。

この例も、おそらく不安の強い性格傾向が基本にあるとみられ、友達関係が少ないことは、不安回避の強い傾向が影響しているとみられる。コミュニケーションや社会性、対人関係など明らかに病的とまでは言えず、限りなく定型発達に近いＡＳＤのグレーゾーン疑いが考えられた。

■【ASDのグレーゾーン？】都内の高校1年の女子。主訴は不登校傾向と友達関係ができないこと。以下は本人の話。（学校は大変？　と聞くと）「マジで大変。まず教室にいるのが苦痛。友達ができず話す人がいない。自分の方から離れているというのもあるとは思うけど。入学した最初の頃は、今度はちゃんとやっていこうと思って頑張ったけど、なんかもう疲れちゃって。元々友達関係が苦手だった。それを強く自覚するようになったのは中学生になってから。小学校の頃も苦手は苦手だったけど、田舎の小規模校でクラスが6年間持ち上がりだったため、それなりにやれてしまった。でも都内に転居し、中1が終わる頃には完全に『ボッチ』になっていた。だから体育授業のペアでは困った。中2になってだんだん教室に行けなくなり、相談室に行くようになった。そこでは自分一人だった。給食は当番が運んでくれた。教室もつらかったが、相談室で自分一人というのも楽ではなかった。中3になったのを機に、また教室でやってみようと思い、行き始めたが1カ月持たなかった。どうしても『ボッチ』感が強く、勉強の遅れもあって、とても耐えられなかった。それでも修学旅行は何とか参加した。あとになってみて、やっぱり参加してよかったと思っている。高校は、一応、希望校に合格し、今度こそはと思って登校したが、5月の連休明けからやはり行けなくなってしまった。やっぱり『ボッチ』感に負けてしまった。通信制高校への変更も考えたが、こんな自己管理能力のない自分ではもっとだめになると思って……。だから今の学校を何とか頑張って続けるしかないかと……。でもこんな感じでやっていたらそれこそ留年になってしまい、『退学』を突きつけられるかもしれない」とのことだった。

この例は、一対一の関係でも視線をあまり合わせず会話する傾向がありＡＳＤが疑われてしまうが、会話など意思のやりとりは特に問題なく、対人相互関係も十分意識され保たれている。学校などで確かに対人関係を避ける面はあるが、その一方で求めている面もみられる。自分自身の客観視もある程度できているとみられ、自身を一生懸命何とかコントロールしようとしている。その意味では自分自身と向き合っているとも言える。まずはそういう自分を肯定し、できれば自分はどうしたいのかをできるだけ具体的に内省してみてはどうか、もし「ボッチ」になりたくない自分がどこかに潜んでいれば、その自分を前面に出し不安に立ち向かうスタンスで具体的に行動を起こしてみてはどうか、などを伝えた。この例も不安や緊張感の強い性格傾向でも説明できそうだが、対人関係がよくよく苦手な例になると、ＡＳＤとの鑑別が難しくなるのかもしれない。

発達障害グレーゾーン例は、筆者の経験では、とくにＡＳＤにおける対人関係やこだわり行動面で病的か否か迷ってしまう例が少なくなかった。

ところで、厚労省の資料（平成29年版障害者白書）では、医療機関を受診した発達障害者数は、２００２年度：３・５万人、２００８年度：８・８万人、２０１４年度：19・５万人で、増加傾向にあるとされている。何らかの脳機能障害とされている「発達障害」は本当に増えているのだろうか？　この「増加」の背景を探ってみたい。

「発達障害」は、昨今、テレビや新聞、雑誌など多くのメディアで取り上げられてきている。NHKでも多くの特番が組まれてきた。またインターネットでも、Google検索で「発達障害」を入力すると、7000万件近いヒットとなる。自閉症やアスペルガー障害、多動症候群、読み書き障害などの概念は、それぞれだいぶ前から提唱されていたが、自閉症スペクトラム障害（ASD）や注意欠如／多動性障害（ADHD）、学習障害（LD）など発達障害の枠組みで概念化されるようになったのは最近である。

本邦では、発達障害者支援法（2004年）が制定され「発達障害」がクローズアップされてから目立つようになったとみられる。その支援法の成立には、2002年に実施された文科省の「通常の学級に在籍する特別な教育的支援を必要とする児童生徒に関する全国実態調査」や厚労省の「発達障害支援に関する勉強会」（2004年）で出された「発達障害は脳の器質的又は機能的な異常によるもの」で、「児童人口の5%程度ないしそれ以上いると推定され、頻度が高い」とされた報告なども影響を与えたとみられる。児童人口の5%という数字は、じつに20人に1人が脳の異常による発達障害ということになり、標準的なクラスに2人はいる計算になる。その後、厚労省の「軽度発達障害児の発見と対応システムおよびそのマニュアル開発に関する研究」（2006年）では、注意欠陥多動性障害や広汎性発達障害、学習障害など軽度発達障害児の出現頻度は8・2～9・3％とされ、また2012年度の文科省の調査では、小中学校の通常の学級において、学習面又は行動面において著しい困難を示す児童生徒の割合は6・5％（推定値）という結果が出た。このような結果から、少なくともこどもに関しては発達障害の「発生頻度は高い」という認識が教育現場に拡がり、例えば対人関係や社会性、生活行動などの面で「少し変わった子」を「発達障害？」とみる傾向が高まり、医療機関に「診断」を求めるようになったことも考えられ、それが「増加」につながっているのかもしれない。一方、医療の側も、発達障害の概念や診断基準の曖昧さなどから、結果的に「過剰診断」例も増え、この点でも「増加」になってきていることも考えられる。

また、増加の背景には、発達障害の概念自体が拡大的に変遷してきたことも影響しているように思われる。例えば、自閉症の概念は、Wing, L（1997）によって、それまでのKanner, L（1943）による早期幼児自閉症（カナータイプ）とAsperger, H（1944）による児童期の自閉的精神病質（アスペルガータイプ）が連続線上でとらえられ、「自閉症スペクトラム」として概念が拡大されたことも「増加」につながっているのかもしれない。因みにアスペルガータイプは、ネット上では多くの有名人があげられているが、提唱したAsperger, Hは、性格の偏り（人格障害の一類型）とみていたようである。また、映画『レインマン』でダスティン・ホフマンが演じた「レイモンド」は、カナータイプの特徴のひとつとされた潜在的認知能力（抜群の記憶力）をもった自閉症の例とみられる。サヴァン症候群ともいわれている。

さらに「増加」の背景には、とくに教育の場で、「指導がしにくい子」についても「もしかして発達障害？」、「とりあえず病院へ」、「そうであれば特別支援クラスへ」とみる傾向も関与していそうである。「指導がしにくい子」の一例を挙げると、知的発達水準には明らかな問題がみられないものの、「マイペースで周囲をあまり顧みず自由奔放」で「好きなことしかやらない」、「嫌なことをやらなくても一向に困らない」、「自己主張は強く、思い通りにしたがる」、「思い通りにならないとキレやすい」、「我慢することがよくよく苦手」といったようなこどもたちである。こうしたこどもたちは当然ながら従来の学校教育の枠組みに適応することが難しく、うまく対人関係を築けなかったりしてトラブルメーカーとなることが多い。教師からすれば「指導困難」なこどもたちとなる。

ただ、確かに発達障害であれば、「特別支援」が必要であるが、こうした「指導がしにくい子」は別な意味で増えているとみられる。今や何でもあり的な価値観の多様化の中で、家庭や社会生活をするために必要な「躾」の崩壊、養育に関する親の倫理観の低下、またその一方で既成の概念に囚われない「自由奔放」な子育て観などがうかがえ、そのなかでこどもの行動や態度の自由度が拡がってきているように思われる。「指導がしにくい子」は、このような今時の養育態度からも説明できそうである。とくに「ジコチュー」については「自分本位のこどもたち」で指摘したように、育ってきた状況など、環境要因が大きいと思われる。自己中心的で心的耐性の低いこどもたちは、家庭内ではそう問題にならなくても社会集団に入ると「問題行動」として顕在化、とくに規制の枠にはめられた教室では勝手な行動が続出するとみられる。

しかしながら改めて「発達障害では？」を考えた場合、やはり先述したように、とくに教える側にとって、こども本来の有り様の「正常範囲」や「多様性」の幅が狭くなってきているのではとの懸念も払拭できない。繰り返しになるが、低年齢では「不注意」や「落ち着きのなさ」、またある程度の「自分勝手さ」はあっておかしくない。経験上、男児はとくにそうだと思う。また不安や緊張感がとくに強い中高生などは、対人関係やコミュニケーションなどで問題が生じやすいが、これも環境因や性格的要因で説明できることが少なくない。

従って、問題を抱えたこどもに対してすぐ「発達障害では？」とみる最近の風潮には、どうもこどもを育む力の弱体化が進んでいるような気がしてならない。言い過ぎかもしれないが、そのようにみることで、教える側の責任回避的願望があるのでは？　とすら感ずることもある。

このような最近の風潮を、やはり懐疑的に見る人は少なくない（榊原洋一〈2016〉、金澤治〈2003〉、岡田尊司〈2012〉、香山リカ〈2018〉など）。

ゲーム依存のこどもたち

【ポイント】
■ゲーム「依存症」、その怖さの実態、立ち直れないでいる例
■親が毅然と取り組み、立ち直った例
■現実を回避でき、ゲームにのめり込める個室環境も問題
■ゲームはやらなければ、やらせなければ、依存傾向は時間と共に減少する
■依存症的なこどもたちにどう向き合うか

娯楽としてのゲームは、こどもの世界でも昔からあった。カルタ、トランプ、双六、囲碁、将棋、オセロ、野球盤など、当たり前だが、実際に目の前にいる人とやりとりしながら、ほとんどは複数人で遊ぶものだった。何か食べながらでもあれば、ある意味、一緒にいる人と五感を介した「現実感覚の遊び」ともいえる。だからその場にいるのが自分だけではないので、いつでも、どこでも、いくらでも、というわけにはいかない遊びだった。おそらく、このような

ゲームの世界では、大人は別として、病的な依存症に陥ったこどもはいなかったのではないかと思われる。しかし、デジタル時代に入り、ファミコン、ゲームボーイ、PlayStation、ＤＳなど続々と電子ゲーム機が登場し、ひとりでも、いつでも、どこでも、いくらでも遊べるようになった。そして次第に各家庭にインターネット環境が整備されるようになると、ネット上の仮想現実空間の世界で、目の前には実在しない見ず知らずの相手との対戦ゲームも可能になった。自分だけの専用個室で、相手次第で昼夜を問わず遊ぶことができ、次第にゲームに溺れ、依存症的になるこどもも出てきた。

#勉強・仕事・家族よりゲーム大切……平日に3時間、10～20代の20％（２０１９年11月28日　読売新聞オンライン）

小学生であっても、ネット上の対戦ゲームの相手は、はるか年上の大人だったりもする。なかには相手がやめさせてくれないからと明け方近くまでやって、その朝寝てしまい学校を欠席、次第に昼夜逆転の生活となり、学校欠席が長期化するこどもも出てきた。また、対戦ゲームによっては、そこで使う「武器」が欲しくて親の財布から金を盗み出し買ってしまう例もある。

本章では、こどもの病的なゲーム依存について考えてみたい。まずはケースから紹介したい。例によって、ケースはすべて事実をもとにしたフィクションである。

■中学2年の男子。不登校。自分専用の個室が与えられている。中学生になった頃からネットゲームをするようになった。はじめは1時間だけという約束を守っていたが、次第にエスカレート。時間を守らないことで父親が注意したら、とっくみあいの喧嘩になった。父親は、本人を小さい頃から可愛がり、遊びにもよく連れ出していたという。また悪いことをしたときは、きちんと理由を聞いたうえで厳しく叱責することもあったが、本人はそういう父親を拒否することはなかったという。ゲームのことで母親が聞くと、「ストレスがたまるとやりたくなるんだ、本当はこれじゃいけないんだろうけど」と言ってきたという。母親は、確かに部活動や勉強などハードだったようで、ゲームの時間オーバーはつい黙認してきてしまったという。しかし黙認するほどにゲームへの没頭はエスカレートしていった。そして「ゲームをやらせないと学校に行ってやらない」と脅かしてくるようにもなった。このような態度に対しても、母親は黙ってしまうことが多かった。次第に学校欠席が目立つようになり、部活や塾も行かなくなり、終日ゲームに明け暮れるようになった。父親は、インターネットへの接続を夜9時以降OFFにしたところ、本人はわめき散らし、「ゲームができないなら死んだ方がまし」と深夜に家を出て行ってしまい、駅に向かって歩いているところを巡回中のパトカーに保護されてしまった。この件以来、父親は、世間体もあって、本人に対する態度を軟化させてしまったという。ゲームへの没頭はさらにエスカレート。口の利き方も乱暴になり、態度も横柄になってきたという。父親は管理職になった関係で帰宅が遅くなり、本人にかかわる時間も少なくなってしまった。

母親は不憫さも手伝って、学校に行かなくても高卒認定試験もあるからと、つい言ってしまったとのこと。学校はまったく登校せず、完全に昼夜逆転状態。ゲームへの依存は深刻さを増しているとのことであった。

この例は、かなりのゲーム依存の状態とみられる。本人のなかには、本当はこれでいいはずがないといった思いがどこかにあるようだが、ゲームに対する衝動性に負けてしまう様子。そうしたなかで、父親と母親に対する態度を変えたりして、親の出方を試している様子もみられる。とくに母親が振り回されており、両親間で本人に対する態度が違ってしまったこともエスカレートしてきた要因とみられる。また、本人の脅かし（？）的な行動（プチ家出）で父親が怯んでしまい、それまでの父子感のポジティブな力関係が歪んでしまったことも関与している。

まず本人に対する両親の態度を一致させること。そして本人に対し「できれば本当はどうしたいのか」を引き出すようにする。両親それぞれ個別に聞いてもよいが、腫れ物に触るような態度は控えること、等を伝えた。

■都内の私立中学1年の男子。不登校、ゲーム依存。（本人に問題は？　と聞くと）「多分、ゲームにのめり込んでいること。やり出すと食べることも忘れてしまう。あと学校にも行ってないこと」（どれくらい？）「もう1カ月くらい行っていない。行きたい気持ちはあるにはあるけど、身体が動かない。前の晩は行こうと思っているけど、朝になると、いいや、休んじゃえと思ってしまう。朝になるとなぜ行きたくなくなるのか自分でもよくわからない。クラスの友達とは離れたくないし、休めばゲームをやらせてもらえないし、だから学校に行けばいいと思うのだけれど……」（どうする？）「うーん、なんか変かもしれないけど、今週いっぱい学校を休んで思い切りゲームをやって、来週から行くってことはどうかな。なんか楽しい気持ちをたっぷり味わえば、行けるような気がする。でも親からゲームのこととかで文句を言われたりすると行こうとする気持ちが一気に崩れちゃうような気がする。だから自分のことはほっといてほしい」（学校とゲームはどっちが大事？）「うーん、どっちも大事だけど、でも今はやっぱゲームかな、でも学校に行ったときは学校が大事と思えてくる」（ゲームについて悪い面は？）「早くゲームをやりたくて、宿題を乱雑に書いたり、答えを見てしまったり……。あとやり出すとやめられなくなること」（将来は？）「うーん、まだ分かんない」

母親の話。父親は単身赴任中（海外）で帰宅は年に数回。だから自分（母）が頑張っている。中学校はこの子の将来を考えて、私立の進学校に入学させた。小学校ではそれなりの成績もとっていて、担任も勧めてくれて、本人も乗り気だったと思う。学校を休みだした元々のきっかけは、入学後、毎日たくさん出される課題を嫌がりだしたこと。進学校なので授業の進み具合もかなり速かったみたいで、毎日疲れているようだった。学校を少し休ませれば落ち着くかなと思って2～3日休ませ自由にさせてみた。そしたら生き返ったようにゲームを思い切りやりだした。しばらく様子を見ていたが、時間を守らず注意してもやめなかったのでゲーム機を取り上げた。そうしたら文句を言いながらも、数日後くらいから登校するようになった。本人も登校できたことでいくらか安心したようだった。ただ、学校に行ったんだからゲーム機を返してと言ってきたので、迷ったもののつい渡してしまった。しばらくは登校しながら下校後はゲームと頑張っていたが、次第にオンラインゲームにのめり込み、深夜までやるようになってしまった。父親の提案で、ゲームは本人に管理させるようにしたがだめだった。だんだん自室にこもるようになり、もうゲーム三昧。久しぶりに帰国した父親が本人と話をしようとすると、「普段、家にいないくせに……偉そうに！」と暴言を吐いた。これを聞いた父親は黙ってしまった。この頃から人が変わったように、自分（母）に対してもちょっとしたことで「テメー、オメー」と暴言を吐くようになり、親子の力関係が完全に効かなくなってしまった。本人の頭の中はゲームのことだけみたいで、着替えず、風呂も入らずで、完全にゲーム中毒だった。クラスの担任に相談したが、「何だったら、転校されては」と言われ、あまり親身になってもらえなかった。

このケースもゲーム依存症的状態。本人にも、ゲームにのめり込んでいることが問題といった認識はある程度うかがえる。しかしゲームへの衝動を抑えることができず、思い切りゲームをやれば学校に行けるような気がするというように、合理化すらみられ、負けてしまっている。ゲームに対する依存性は、日々のめり込むに連れ、どんどん強くなっていく。ゲームの弊害にいくらか気づいていながらも抜け出せない様子で、ここに依存症の病的状態がうかがえる。

深みにはまる前は、ゲームから離れれば依存傾向はいくらか弱まる様子がみられた。そして登校できたことで本人にもいくらか安心した様子がうかがえた。だから依存症への負のスパイラルがひどくなる前のこの段階で、物理的にゲームの世界から切り離す具体策が求められると考える。ただこのケースの場合、父親の存在感が弱く、海外赴任という事実上の「父親不在」で、親子の力関係が機能していない。やはり、男親として毅然たる態度で、ときには本気になってこどもと対峙することも必要ではないだろうか。そして、学校の対応もこどもに寄り添ったものでなく、教育的配慮に欠けると言わざるを得ない。

やはり本人に対して「現状をどうしたいのか、できれば本当はどうしたいのか」で迫り、返ってきた言動に責任を持たせるアプローチが最も適切とみられる。多少時間が掛かっても本人の主体性を育てることが一番重要と考えられる。

■中高一貫校の中学2年の男子。不登校。ゲーム依存からとりあえず立ち直った例。小さい頃から、買ってもらったゲームボーイやDSなどでよく遊んでいたが、中学2年の夏休み頃からスマホゲームに熱中するようになった。それでも課題はきちんと提出し、実力テストでは学年2位になったこともあり、「よく学びよく遊び」くらいに思っていたと家族は言う。しかしいつしか対戦型のネットゲームにはまるようになり、次第に朝起きてこなくなり学校も休むようになった。生活はほとんど昼夜逆転になり、家族と食事もせず、風呂にも入らず、自室にこもって夜中までやっている様子で、見かねた父親がスマホを取り上げたら暴れ出し、興奮してものを投げつけ、手も出してきた。「ゲームをやらせろ、やらせれば登校する」と言い出し、しまいには「1時間だけでもやらせろ、そうすれば1時間登校してやる」と、本人もこういうやりとりがよくないとわかっているようだったが、抑えがきかない様子だった。それでも父親は身体を張ってスマホは取り上げたままにしておいた。ゲームができないまま約2週間が過ぎた頃、担任教師が訪ねてきて本人と話をした。その翌日、期末テストのことが気になったのか、急に思い立ったように自転車で登校した。本人が言うには、「ほとんど昼夜逆転だったので寝たら行けなくなると思い、朝まで起きていて登校した」とのこと。その後、あれだけ取り憑かれたように言っていた「ゲームをやらせろ」は言わなくなり、家族とも以前のように会話するようになった。受けたテストの成績は下がってしまったが、また毎日登校するようになった。父親は、いろいろと迷ったが、やはりあのときスマホを取り上げてよかったと言っていた。

このケースは、結果的には一過性のゲーム依存症とそれに伴う不登校とみられる。それまで学校との両立である程度コントロールできていたゲームであるが、ネット上の対戦型ゲームにはまるようになって、コントロールが崩れていったとみられる。おそらく本人の中にも、ゲームにはまりながらも、これではダメになってしまうという危機感があったのではないかと思われるが、ゲームのもつ強い依存性に勝てなくなってしまったとみられる。その危機感を裏付けるように、スマホを取り上げた父親に対する抵抗は、初めは激しかったもののその後はそうでもなかったことから、この際、父親に救ってほしいといった思いもどこかにあったのではないかと思われる。一過性で済んだ大きな要因の一つは、父親の毅然とした対応にあったとみられる。このような対応方法がどのケースでも上手くいくとは限らないが、基本的にはおさえるべきアプローチではないかと考えられる。ゲーム依存に関しては、程度が深刻になると時間制限や自己管理的対応はほとんど効果がなく、ある程度、物理的に遮断するような対応が効果的に思われる。

＊　＊　＊

以上、ゲーム依存から立ち直れないでいる例と、とりあえず立ち直った例を挙げたが、どの例も、本人もさることながら、対応する家族の深刻さがうかがえる。本人の言うことをどこまで聞けばいいのか、どこまで信用すればいいのか、親としてどこまで強制力を発揮すればいいのかなど、それぞれ愛する我が子を思う中での葛藤はかなりのものとみられる。

ここで、対応策を考える上でのひとつの視点である。それは、以上の本人たちのなかに共通してうかがえる気持ち、「ゲームをどうしてもやりたい」という一方で、「(でも)このようにのめり込んでいる状態はよくない」といった心理である。依存症特有とみられる。これは筆者が経験したほとんどの例でそうだった。

依存症的傾向はのめり込むほどに強くなる。だから、大人（親）は、この「のめり込んでいる状態はよくない」というこどもの心理をきちんと見据え、本人の抵抗や反撃を何とかかわしながら、物理的にゲームの世界から離れさせていく、これがとりあえずの合理的な対応のように思われる。とりあえず立ち直った例がそうで、父親の毅然とした対応が功を奏したとみられる。もちろんこどもの方もそれに応えるだけのコントロール意識を持っていたのかもしれない。また2番目に挙げた例でも、一時はゲーム機を取り上げたことでゲームから離れることができ、登校することもできるようになった。しかし「学校に行ったんだから返してくれ」の要求に、迷ったものの負けて応えてしまった。依存症からの立ち直りがそこで崩れてしまった。母親はもう少し鬼になって「学校に行くのは親のためではない、自分のためでしょう」と強く返してもよかったのかもしれない。ゲームへの衝動が強くなっている本人の反撃をかわすことは容易ではないが、ケースバイケースでなんとか工夫が求められる。本人に痛手となる何らかの交換条件を使ってもいいかもしれない。

少なくともゲーム依存の場合、ゲームから物理的に離れさせ、それを続ければ、時間とともに依存性は弱まっていくようである。この点を踏まえ、両親が同じスタンスで本気になってこどもと向き合うことが何にもまして重要に思われる。

それにしても、ゲームメーカー（ハード面、ソフト面共に）は、このようなこどもたちをどう見ているのだろうか。もしかすると既に実態をつかんでいて、見て見ぬふりなのだろうか。尋ねてはいないが、おそらく「健全に楽しんでいるこどもたちがほとんどです」といった答えが返ってきそうである。こうした依存症的行動においては、大人の世界も然りである。すでにその問題が指摘されているものとして、パチンコ、競輪、競馬、競艇など。そして今度は、国策としての統合型リゾート（ＩＲ）整備推進法案、いわゆるカジノ。ギャンブル依存症という副産物を見越して、ギャンブル等依存症対策基本法まで作って成立させ、ギャンブル、言い換えれば、本来は、刑法上処罰の対象となる賭博を進める政策である。インバウンドを当て込んだ経済政策の一環として進めているのであろうが、その副作用は計り知れないと思われる。こどもも大人も、「賭け事」で依存症に陥るのはごく一部と一蹴できない、深刻な問題を孕んでいることだけは、よく知っていただきたいと願わずにはいられない。

こどもたちの背景、何が問題か

【ポイント】
- ■やはり、過保護や過干渉、そうなってしまう背景
- ■目立つ、大人の「未熟性」、「モラル」の低下
- ■「モラル」の低下は教える側でも
- ■責任回避が目立つ大人の社会、こどもにも影響
- ■物的には豊かになった社会環境、精神的には？
- ■SNSの世界に浸るこどもたち
- ■少子化問題も

さて、これまで、最近気になるこどもたちの例をいくつか挙げ、それぞれ考えられる問題点を指摘してきた。そのなかで、大人の側の問題として、総じて目立ったのは、過保護、過干渉である。本来、問題解決の主体をこども自身に持たせるべきなのに、親や教師など大人が主体

になって解決策を考えてしまう。例えば、事例にもあったように、こどもの将来を心配するあまり、親がこどもの具体的な進路を決めようとしたり、「親として甚だ困る」からと、こどもを学校に行かせる具体的な手立てを求めてきたり、高校生になっても、まだこどもだからと別居状態の父親の事実を伝えなかったり等である。また、小中学校では、不登校状態の子に対して、放課後にちょっとでも登校すれば出席扱いにするとか、高校では、単位認定に救済措置を取り計らう等も含まれるかもしれない。このような対応が、結果的にこどもの主体性を奪っている要因のひとつではないだろうか。

しかしながら過保護や過干渉は、おそらく、誰もがそうしようと思ってやっているのではないと思う。結果的にとってしまう態度ではないかとも思われる。そうなってしまう背景について考えてみたい。

■やはり過保護や過干渉、そうなってしまう背景

まず、家庭における大人、つまり親である。親がこどもの将来を案じて進学先を選択という例では、親の不安感、うろたえ感も目立った。ゲーム依存の例でも、こどもと面と向かって対峙できない親の姿があった。また、仕事で疲れ切っているのか、こどもにかかわろうとしない「父親不在」も目立った。こどもに対して毅然とできず、威嚇されると引いてしまう親。こど

もが高校生になっても、幼稚園児並みに保護する態度。親自身の主体性のなさも目立つ。

こどもにとって親はある意味リーダー的存在であるはずだが、そのリーダーが不安だらけという例は少なくない。共通するのは、親自身の不安だろうか。確かに今時は、誰もがいろいろな不安材料を抱えながらの生活であり、親になった人は誰もが、慣れない子育てを、その不安と向き合いながらなんとかやっている。しかし、なかには子育ての不安材料を抱え込みすぎ、不安感に埋没してしまっている親もいる。こどもが自分の頭で考えられる年齢になっても、親の方には「まだこどもだから」という意識がついてまわり、心配で任せられない。こどもに「任せられない」という親の気持ちには、親自身の不安が内在しているのではないだろうか。

その不安には、おそらく親としての責任感もつきまとっているのであろう。責任感の強い親ほどそうなのかもしれない。そのため、子育てに強迫的になってしまい、それがこどもにとってリスキーな過保護や過干渉となって表れるのかもしれない。そうなると、いくらか主体性を持ち始めたこどもは、親の過保護・過干渉に反発するようになる。また親の提案に納得できなく、かといって反発もできないこどもはふさぎ込む。そうした中で、親子の信頼関係にひずみが出てくる。

これには、親が子育てから解放されてもいいのは、あるいは手を引かなければならないのは、こどもがどんな状態になってきたときかといったことへの具体的で明確な答えがないことも関与している。その答えは当然ながら、子育てに対する親の姿勢やこどもの心身の成熟度などによって異なるため、具体的にはケースバイケースになってしまう。結局、こどもの心身の成熟具合を見ながらの対応となるが、基本的には、こどもの利益を最優先に、手を引かない方がよい段階、様子を見ながら少し引いてもよい段階、引いた方がよい段階、引かなければならない段階などに分けて考えてもいいかもしれない。ここでのこどもの利益とは、こども自身の自立性や主体性の確立である。その確立に向けて、「まだこども」で「任せることが不安」であっても、親が理性で考え、「もしかするとこの子でもできるかもしれない」と一瞬過ったときは、親自らの不安感を意識的にコントロールし、思い切ってこどもから手を引いてみることも必要に思われる。そして、その後のこどもの反応を見て、なんか大丈夫みたい、何とかやれそうだとなったときは、親子共々自信がつき、親子の在り方にも適切な距離感が生まれ、よりよい方向に向かうのではないだろうか。少なくとも、親が過保護や過干渉になってしまう要因のひとつは、親自身の不安とその回避にあると言えそうである。

また、当然ながら、過保護、過干渉の背景には、少子化も関与していると思う。こどもの数が1人かせいぜい2人だから、いろいろと手をかけられるのであって、数が多ければ、かけてやりたくても、手が回らない。3人4人と兄弟の多かった団塊の世代は、そんな感じだった。親の方も、その日その日を生活することでいっぱいいっぱいだったと思う。こどもたちはそれぞれ、日々生活に追われる親を見ながら育った。今から見れば、このようにこどもが多い中での親子の在り方は、親子の間に適切な距離感をもたらし、こどもの「しっかり感」を育て、自立へと自然に導いていたのかもしれない。このようにみると、少子化は人間にとって不自然な在り方なのかもしれない。

ところで、親の「干渉」をこどもはどう見ているのだろうか。主体性の確立に向け思春期を迎える娘と母親との軋轢、小学5年の女児の例である。(本人に一番の問題は？　と聞くと)「親たちが自分の話をちゃんと聞いてくれないこと。ママの言うとおりにしないと怒られることと。小さい頃は外に出されたこともあった。祖母（母系）に相談したこともあったが、ママの言うとおりだと相手にしてくれなかった。でも怒られて泣いているとパパがかばってくれた。そういうパパに対して祖母は、そうやってかばうからこんな子になるんだと文句を言っていた。自分も一人っ子のせいか確かにわがままなところはあると思う。例えば小さい頃、欲しいおもちゃを買ってもらうまで騒いだりした。だから怒られても仕方がないところはあったと思う。でも最近は、『宿題ちゃんとやったか』とか、『その格好（服装）は何だ』とかいちいちうるさい。少し好きにさせてほしい。あと、寝坊して遅刻しそうになったとき、『早く着替えて行きなさい！　朝ご飯はなし！』と。でも学校の決まりで朝は食べてくるようになっていることを話すと『だったら早く起きなさい！』と言われてしまう。ママは、聞く耳を持たない人。一生懸命話そうとすると『ちゃんとやってないくせに！』と言ってくる。言い返すと、『親に向かって何だ！』と怒ってくる」（お母さんは君のことを嫌いだと思っている？　と聞くと）「いや、そうは思っていない。いろいろ注意されるけど、本気で自分のことを嫌いだとは思ってないと思う。でも、少し干渉し過ぎだとは思う。私は、自分で考えてちゃんとやりたい」

次に母親の言い分。とにかく、やるべきことをちゃんとやってないのに、言い訳だけは一人前。優しく言っても言うことを聞かないから、つい言い方がきつくなってしまう。すると、まだこどもなのに大人みたいに反論してくる。こっちも大人気ないけど、つい感情的になって大声を出してしまう。夜遅くなってもこうだから、近所にも体裁が悪い。この前は、プチ家出をされてしまった。また、勉強しないなら塾をやめるようにと言うと、やめないと返してくる。小さい頃からこんな感じだった。気性が激しい子だと思うが、大丈夫でしょうか？　とのことだった。

こんな概要である。思春期を迎え、親の干渉を嫌がり、自身の確立に向かっている本人と、まだこどもで躾が優先とする親たちとの軋轢状態だが、基本的な信頼関係は維持されている様子。本人は、母親が言うように少し気が強い方かもしれないが、それなりに考えて行動している様子。内省力も十分ある。当然ながら頭ごなしに躾けようとしても逆効果、少し距離を置いてまずは本人の話をきちんと聞いてやり、失敗しても本人に任せてみることも必要。反抗的態度も額面通りには受け止めない方がいい、本人の成長にとって十分意味があり、主体性の確立にとって味方になると伝えたケースであった。

さて、話を戻して、次は学校側の「過保護的」対応である。小学1年の男児。忘れ物が何度か続いてしまったとき、担任教師から連絡帳にこう書かれた。「忘れ物をしないように親が必ず点検してください」と。母親はこれにサインしながらも、「親が点検？」と複雑な思いだったという。この指導は、「忘れ物がないこと」が目的で、こども本人に「忘れ物をしないようにさせる」ことが二の次になってしまっている。教師にすれば、授業で使うものを忘れられると確かにやりにくいのだろうが、しかしこれでは、「忘れ物をしないように自分で気をつける」というこどもの主体性を育てることにはなっていないのではないだろうか。さらに不登校の対応において、例えば小学生では、夕方遅くに親と同伴で極めて短時間の「放課後登校」、これを出席扱いにすることや、また高校生では、医師の「診断書」があれば出席日数や単位数をある程度補填するなどは、本当にこどもたちのためになっているのだろうか。小学生などは、同級生のいない夕方であれば、「車で母親と一緒なら、ちょっとだけなら行ってもいい」と思って行くのかもしれない。校門で担任教師が出迎えていても車から降りず、目も合わせず、黙って窓越しにプリントを受け取るだけ。そのままUターンするこどもには、「とりあえず今日も学校に行った」といった現実逃避的な安堵感、また教師の側にも「とりあえず今日も来た」といった一時の安堵感が漂ってしまう。どうも不登校状態の根本的な問題の解決策とはなり得ていないような気がする。ただ放課後登校も、こどもによっては、また親や教師のもっていき方によっては、登校するようになるきっかけになる可能性はあるかもしれない。その場合、車から降りなくても登校したことにするといったメッセージは出さずに、こどもとのかかわりのなかに、もっと積極的に主体性を求めるアプローチが存在する場合であろう。

また、出席日数などの補填に、医師の「診断書」というのも、こども本人のことを考えてというよりは、なにか学校側の「都合」のようなものが隠れていそうな気もする。おそらく、こどもも親も、もしかすると学校側も、これでいいはずがないと思う一方で、卒業できるなら単位がとれるならと、葛藤の中でそれぞれ自身をごまかしてしまう。やはり学校側のこうした対応も、少なくともこどもたちの主体性の確立には結びつかないように思われる。それと、今でも果たしてこれでいいのだろうかと複雑な思いに駆られる例があった。筆者が担当した例ではなかったが、長引く不登校状態の女子中学生で、母親と共に定期的に通院していた。学校側の求めに応じ、診断書が提出され、診断名は「うつ状態」であった。しかしながら、放課後でさえもまったく登校しない日々が続く一方、某アイドルグループに夢中で、自室での音楽ビデオ鑑賞の他、コンサートには遠方であっても必ず母親と共に訪れていたようだった。このような不登校の例、皆さんはどう思われるだろうか。

また、不審者、連れ去り、交通事故など、こどもにとっての社会的リスク。このような状況では、とくに年齢の低いこどもに主体的で自立的行動を求めることは確かに難しくなっている。だから、どうしても大人がこどもを守るという姿勢が優先されてしまう。学校の登下校や塾の行き帰りに保護者が付き添ったり、車で送り迎えしたり、ショッピングモールでの買い物も親といっしょ、そしてコロナ禍での自粛生活では中高生になっても親が家で見守り、昼食を作ってやるなどなど……。不審者情報や、連れ去り事件などが起きるたびにこの姿勢は強くなってきている。こどもの安心安全を徹底せざるを得ない現代社会。問題が起こるたびに徹底水準がエスカレートする。そして、こどもは、いつの間にか「守られること」に慣れてしまう。また主体性の弱いこどもほど、守られるばかりになってしまい、ますます主体性が育たなくなる。

大人の側の保護行為と、こどもに自立的・主体的行動をとらせるバランスのとり方は確かに難しい面があるが、安心安全が何よりとばかり、大人が常に付き添って、保護することだけでいいのだろうか。

＊　＊　＊

今は懐かしき昭和30年代、こどもたちが班ごとに登下校するスタイルすらまだまばらだった。各児がそれぞれに近所のこどもたちを誘い、いないときは一人で登下校していた。そこでは大人が見守るということはなかった。大人たちは生活の糧を稼ぐことで忙しかった。誘拐事件もニュースになった。当時のこどもたちは、こういう環境の中で自ら危険と対峙し、その回避を試みながら、それぞれ社会に参加し自立する術を身につけていったと思う。各家庭にまだ車が普及していなかった頃、病気やけがでもないのに車で登校してきた子がいたが、周囲のひんしゅくを買っていた。それが今や、こどもの安心安全最優先という「錦の御旗」の下に、door to doorでの車での送り迎え、これが当たり前という感じで、とくに問題にされない。それどころか不審者情報が出たりすると、学校側は「できるだけそうしてほしい」となる。これでは問題だと思う大人はいるのだろうが、世間の「安心・安全」に追いやられてしまう。

登校は、こどもたち自身がそれぞれ自ら歩いて行くことで、学校に通うことの意味や主体性も育つのではないかと思われる。朝、「行ってきまーす」と家を出た瞬間から、こどもを取り巻く社会によって、リスクと共に自立を迫られる。こうした中でこどもの自立性や主体性が作られていくのではないだろうか。社会的リスクを減らすことは喫緊の課題であるが、現実には減るどころか増加傾向にすらある。

そうなると現実的には「とにかくこどもを安全に守る」というスタンスの重要性もさることながら、それ以上に優先されるべきは、こどもであっても、ヒトという動物が本来もっている警戒心を引き出し、社会的リスクに対するいわゆる「危険察知」能力と「危険回避」能力を育てることではないだろうか。リスクは伴うものの、過保護にならないよう、こどもの自立的行動を促す。これは大人の全面的な保護では育たない。しかしながら、そうは言っても昔と今では状況が違う、自立させるのは分かるけれど、何かあってからでは遅い、やっぱり安心安全が第一じゃないか、という声が聞こえてきそうである。こういう声が高らかに響けば、こどもたちの社会的自立性は確実に低くなる。そうなると、人間は自ら自滅していく方向にあるように思われてならない。
だからそうならないように、安全を確保しながらも、自立させる方法を具体的に模索する必要があるのではないだろうか。

■目立つ、大人の「未熟性」、「モラル」の低下

こどもへの虐待

先に示した事例にもあったように、こどもに対して、親のうろたえ感や主体性のなさが目立ったり、面と向かって対峙できなかったり、こどもも知るべき厳しい現実を「まだこどもだから」と伝えなかったり、生きることに対する親自身の信念を示せなかったり、また家庭で「父親不在」が目立ったりなども、一面では大人の「精神的未熟性」があるのかもしれない。しかし、モラルの低下も含めたこの「精神的未熟性」の最たるものは、こどもへの虐待であろう。

次は、ここ最近のニュース記事のタイトルである。

#児童虐待事件1380件で過去最多「重く受け止め」(2019年3月15日 NHK政治マガジン)

#園児トイレに閉じ込め、泣くと「うるさい」……足立区の認可施設園長ら指導（２０１９年11月13日　読売新聞オンライン）

#児童虐待通告、昨年９万７８４２人　５年間で２・６倍に（２０２０年２月６日　朝日新聞デジタル）

#４歳男児が搬送後に死亡　暴行容疑で母親と元交際相手を逮捕（２０２０年４月23日　ライブドアニュース）

#父が３歳を洗濯機に閉じ込める「けがを負わせるつもりはなかった」（２０２０年５月31日　ライブドアニュース）

#３歳女児が放置され死亡した事件　母親は部屋から出られないようにしたか（２０２０年７月22日　ライブドアニュース）

#「夫婦でゆっくり過ごしたかった」３歳と１歳の女児置き去り、ホテルへ（２０２０年７月24日　読売新聞オンライン）

#福岡３歳児暴行、日常的に虐待か　容疑者「前にも殴ったことがある」（２０２０年８月18日　ライブドアニュース）

#高松・２児車中死　容疑の母、繁華街の数件で飲酒　15時間超放置（２０２０年９月４日『毎日新聞』）

#目黒区の女児虐待死、母親に懲役８年「あまりにも無知だった」（２０２０年９月11日

ライブドアニュース）
#2018年度に虐待で死亡した子ども「身体的虐待」よりも「育児放棄」が多く（2020年9月30日 ライブドアニュース）
#子どもの虐待死原因 ネグレクトが最多 身体的虐待初めて上回る（2020年9月30日 NHKニュース）
#乳児死亡事件「父親がほぼ毎日暴行」茨城（2020年10月6日 NHKニュース）
#コロナ下の児童虐待、最悪ペース……上半期1割増の9万8814件（2020年10月1日 読売新聞オンライン）

どうだろうか。この1年だけで少なくともこれだけの事件や関連報道がある。ここ数年でひときわ目立った虐待死事件としては、目黒女児虐待事件（2018年）、野田小4女児虐待事件（2019年）であろう。食事をまったく与えなかったり、真冬に水をかけたり殴ったりの暴行、血の通った人間の仕業とは到底思えない何ともおぞましい事件である。また、最近は、育児放棄などネグレクトによる死亡事件も増えているようである。虐待問題の詳細については専門成書に譲るが、こどもは手が掛かって当たり前、育児はストレスが多くて当たり前、大人にもなってなぜこういうことが分からないのだろうか。親のストレス解消なのか、躾と称し我が子を虐待、幼児を置き去り遊びまくる親。虐待の主因は、明らかに親が精神的に未熟でジコチューだからであろう。未熟さに含まれるが、人間としてのモラルやこどもの「受け容れ許容度」は極端に低い。虐待死事件を引き起こした親たちは、どんな弁解も許されないはず。なのに、裁判で自己弁明するなどは精神的未熟性、ジコチューの極まり、あるいは人格異常としか言いようがない。犬や猫など動物の方が間違いなく上である。なかには、虐待を受けて育った人は虐待に走りやすいという「世代間伝達」もあり、当該の親自身が虐待を受けて育ったことも一因、と加害者をあたかもかばうかのような見方もあるが、許されるものではない。虐待してきた親を、反面教師として心優しい親になる人は多くいる。夫のDVで逆らえなかったというものもあるが、身体を張ってでもこどもを守るべきで、こどもを連れて逃げることもできたはず。こどもより自分の身を守ったとみられても致し方ない。また、夫の暴力的態度に心理的に支配されていたという見方もあるが、それでも犠牲になったこどもたちからすれば、許されるものではない。こと虐待死事件に関しては加害者にも一理というのは、絶対にあってはならないのである。

このような大人の未熟性やモラル、倫理観の低下を、こどもたちはニュースなどを通してじつによく見ている。だからその影響も怖いのである。

とにかく精神的に未熟でジコチュー、心的耐性が低い親。そういう人間を作り出してしまった社会。個人の無差別無分別な「自由」が尊ばれ、なんでも「個人の自由」がまかり通り、周りもそれに応じざるを得なくなると、「ジコチュー」人間はどんどん増えていく。虐待の背景には、こうした精神的に未熟な人間による身勝手な「ジコチュー」的態度が大いに関与していると考える。

そして虐待に関しては、対応する側も「未熟」である。

#目黒5歳女児死亡あす1週間　児童相談所、情報把握も「次の一手」間に合わず（2018年3月9日　産経ニュース）
#目黒虐待死事件、児童相談所の引き継ぎなどに問題指摘 ―― 厚労省の検証報告（2018年10月3日　社会で子育てドットコム編集部）
#繰り返される事件に児相の連携不足　法改正で体制強化　目黒女児虐待死、母親初公判（2019年9月3日　産経ニュース）
#千葉県、虐待死は「公表せず」　小4虐待死で「不手際」（2020年6月5日　朝日新聞デジタル）
#「虐待しそう」と電話の母親に「かけ直して」　神戸の児相で不適切対応6件（2020年4月16日　神戸新聞NEXT）
#保育園で虐待、まさか……　施設急増の中で起きている異変（2020年9月30日　朝日新聞デジタル）

児相などは、マンパワーも足りず、通報を受けて現場に乗り込んでいっても、人権問題も絡み、対応がなかなか難しいことはあるのかもしれないが、死の淵に迫ったこどもからすれば、やはり許されるものではない。児相の方も、虐待問題に積極的に対応するための最低限必要な諸条件をどんどん要求した方がよいのではないだろうか。虐待しておきながら人目を気にして児相の介入を嫌がる例や、事実を隠そうとして調査を拒否する例もあるようだ。調査に向かう児相の担当職員には、適正な執行を条件に、警察権限のようなもっと強力な権限を与えた方がよいと思われるが、いかがだろうか。

参考：体罰について

またこのような虐待事件に絡んで「体罰」を全面的に禁止する法律（改正児童虐待防止法と改正児童福祉法）が２０２０年４月から施行された。暴行による虐待事件で、「躾の一環」を言い訳にする例が後を絶たないことも背景にあるとみられる。「可愛くない」「邪魔」などとしてこどもに暴力を振るう「親権」者の低劣極まりない身勝手な行動である「虐待」は、まったくもって言語道断で「親権」者のいかなる弁明も許されない。このように法整備をせざるを得ない昨今のこうした状況は、憤りを超えて人間の底知れない愚かさを感じる。

しかしながらその一方で、親は、子育てにおいて実際に叱責しなければならないときがある。例えば、他人への迷惑行為や危険行為、周囲を顧みないジコチュー的行為などに対してである。

普通に言葉で注意しても、ふざけ半分で聞いているようなときは、注意する言葉遣いも激しくなる。場合によっては、手が出てしまうこともあるかもしれない。しかし、手が出れば「体罰」となり、周囲から見れば「虐待」と受け取られかねない。ただ、本気になって我が子と向き合っている親が、これから社会人となるこどもの将来の利益を考え、現在の容認できない態度に、つい感情的に手が出てしまった場合、確かに「体罰」ではあるが、こうした行為も一切許されないのであろうか。社会人になったある人の話である。中学生のとき少し道がそれてしまい、暴れたことがあった。父親は、初めは黙って見ていたが、暴れて反抗するうち、思い切り殴られた。そのときは恨んだ。でも今になって、あのとき父親は、本気でかかわってくれていたんだということがようやく分かってきた。こうして中学校の教師となった今、しみじみ有り難かったと思えるようになった、と語っていた。

こどもに対する「懲戒権」が「こどもの利益のため」と付され民法に規定されているが、「体罰」との兼ね合いで、今後この削除も検討されているという。確かに、懲戒権については、虐待としての体罰の口実になっているとの批判は根強いようだが、普通の子育てにおけるこうした実際的な問題も十二分に検討し、熟慮に熟慮を重ね社会的コンセンサスが得られるように検討していただきたいと思う。

また学校における教育指導上の「体罰的行為」の問題である。例えば運動系の部活動、指導上の「叱責」として手を出す行為。当然ながら、このような体罰による指導はマイナスにしかならず、こども同士の暴力的行為の連鎖にもつながっていく。このような「体罰」は絶対あってはならず、明確に禁止されなければならない。

しかしながら、教室内で挑発するように騒ぎまくり、まったく言うことを聞かないこどもに対し、近づきその子の手をつかむことも「体罰」なのだろうか。

ある学校での話である。担任しているこどもの度重なる非行について、担当教師は当人や親との面談を何回も試み、解決の方向を探っていた。毎晩のように家庭訪問をせざるを得ず、時間外での対応はかなりの心身的負担を感じていた。しかしこどもの反抗的態度はエスカレートするばかりで、ある日、担当教師が思わずかっとなって手をあげてしまった。そのこどもはすぐさま、「やるならやってみろ、体罰教師として教育委員会に訴えてやる」とすごい形相でにらみ返してきたという。この教師は、すぐさま手を下ろしたとのことだった。

こうした教師と生徒との関係、このような言い方が妥当かどうか分からないので一応「 」で括っておくが、そのような関係は「教育上必要な力関係」の崩壊である。このような問題についても、どう考えたらよいのだろうか。もちろん、こうした「力関係」とは、本来、教師と生徒の相互信頼のうえに成り立つものでなければならない。生徒が反抗的に「体罰」を煽ってきても、絶対にのらない、やはり耐えて、生徒の話をじっくり聞こうとするスタンスは、基本事項であろう。しかしながらそのスタンスで上手くいくとは限らない場合もあろう。

実際問題として、家でも学校でも、こどもに対してまったく叱責することなく、かかわっていくことは不可能ではないだろうか。とすれば、本当にこどもに利益をもたらす「叱責」とは、具体的にどのようなものなのだろうか。かなり難しい問題だが、現実問題として「懲戒権」と共に、こうした「体罰的行為」について、ある程度ケースバイケースという含みを持たせることも必要ではないだろうか。

■「モラル」の低下は教える側でも

次は、最近の教師や保育士などの問題行動関連ニュースの一部である。

#教員「頭の中どうなっているのかな」 はさみ持ち男児に発言 神戸市立小（2019年11月13日 神戸新聞NEXT）

#「嫌がってるやん」小3に言われ……教諭、顔を両手で挟んで正面向かせ首にけが負わせる（2019年12月11日 読売新聞オンライン）

#「寒くて歩くの大変」スーパー駐車場で車盗んだ容疑、中学教員を逮捕（2020年1月13日『毎日新聞』）

#「あっち行け」「ブタ！」各地で相次ぐ「不適切保育」、園児の心に深い傷（2020年8月31日 東京新聞TOKYO Web）

#特別支援学級の児童を「邪魔だと思う人は手を挙げて」……小学教員、一緒の授業の場で（2020年9月9日　読売新聞オンライン）

#「量が多く面倒」児童の絵日記などを家庭ごみで廃棄　教員を停職処分（2020年9月19日『毎日新聞』）

#小学生に唾を吹きかけた疑いで逮捕　幼稚園経営者「道に広がって邪魔」警視庁（2020年11月4日『毎日新聞』Yahoo!ニュース）

#小学教諭、万引き容疑で逮捕　本12冊「後で払うつもり」と否認（2020年11月30日『毎日新聞』）

#いじめ調査の回答改ざん、仙台の小学校講師を免職（2020年12月8日　読売新聞オンライン）

#小学校長、覚醒剤は「自分で使うために」……かばんの中から発見（2020年12月12日　読売新聞オンライン）

#小学校長が帰宅途中に飲酒運転　「数年前からあった」石川県教委が懲戒免職処分（2020年12月18日『毎日新聞』）

#「お前が来たでマスクするわ」教員、家族検査の生徒に（2020年12月18日　朝日新聞デジタル）

#「障害者の子、いない方がまし」特別支援学校教員が投稿（2021年1月21日　朝日

新聞デジタル）

また、児童生徒への「わいせつ」関係も。

#生徒と淫行、女性教諭を懲戒免　滋賀、わいせつ処分突出（2018年3月27日『京都新聞』）

#「気持ち抑えきれず」TDLで中学男子生徒にキス、女性教諭を懲戒免職　千葉県教委（2019年3月6日『毎日新聞』）

#男子生徒に車中でキス、女件教諭懲戒免職「感情のまま……」（2019年7月26日『京都新聞』）

#合宿で就寝中の中学女子にわいせつ行為、車で宿舎出たまま無断欠勤続く……教諭を懲戒免（2020年1月15日　読売新聞オンライン）

#セクハラで男性教諭2人を懲戒処分　兵庫県教委（2020年4月21日　神戸新聞NEXT）

#教え子に「わいせつ」半数……公立小中高の懲戒教員1030人、口止めの例も（2020年9月25日　読売新聞オンライン）

#中学生にわいせつ複数回、教諭を懲戒免職　休校中も面会（2020年10月10日　朝日

新聞デジタル）

＃女子高生のスカート内を盗撮、23歳教諭を逮捕……バッグに隠した小型カメラで動画撮影（２０２０年11月23日　読売新聞オンライン）

＃小田急線内で女子高生に体液かける、元小学校教頭再逮捕（２０２０年12月２日　読売新聞オンライン）

＃「盗撮」目的……小学校講師が高校に侵入　逮捕・送検　市教委が陳謝「こどもを育てる立場の教員が……」（２０２０年12月７日　ＮＢＳ長野放送　Yahoo!ニュース）

＃中学校の教頭、少女を車に乗せ誘拐……口に粘着テープ貼り両手両足ロープで縛る（２０２０年12月８日　読売新聞オンライン）

＃生徒にキス30回以上、懲戒免職の教諭の言い訳認めず……東京地裁が請求退ける（２０２０年12月13日　読売新聞オンライン）

＃男子生徒にキス　中学教諭を処分　貸したタブレットに写真　大分県教委（２０２０年12月24日『毎日新聞』）

＃わいせつ誘拐の教頭「弱いものを虐げたい気持ちあった」……動機は「仕事のストレス」（２０２１年２月１日　読売新聞オンライン）

＃小学校で女児にわいせつ　「間違いない」　教師を逮捕（２０２１年２月３日　ＦＮＮプライムオンライン　Yahoo!ニュース）

#女子中学生をホテルに連れ込む、中学教諭を誘拐容疑で逮捕　東京（２０２１年２月３日　産経ニュース）
#面識ある女子児童にわいせつ行為か　市川市立小学校教諭の男を逮捕・送検／千葉県（２０２１年２月５日　千葉テレビ放送　Yahoo!ニュース）
#教え子とみだらな行為……複数回　教諭免職　他の生徒「関係おかしい」校長「複数の女子生徒と距離が近くて」（２０２１年２月５日『埼玉新聞』Yahoo!ニュース）

正直、ここに記載するのがためらわれるものばかりである。こうした、本来あり得ないはずの「事件」が、最近やたらに目立つ。虐待事件に、当初ほどの衝撃や違和感が薄れてしまったように、おそらくこのような事件にも驚かなくなってしまうかもしれない自分に怖さすら感じる。いずれも、昭和の時代にはまずあり得ない事件であろう。

このように、教育や保育に関する問題は、その性質上、ニュース番組や記事のトピックになりやすい。なかには、こういう例は極端で、ほとんどの教師や保育士などはちゃんとやっているといった声もあると思う。おそらくそうだろうと思うし、またそう思いたいが、極端な例といえども新聞やテレビなど広くメディアで報道されてしまうと、その社会的影響は計り知れない。国民の大多数に、今の先生はそうなんだと一括りで評価されかねなく、教師の社会的ステータスを致命的に低下させてしまう。とくにこどもを教え育み、社会に送り出す教師は、人間としてのモラルの質を高めて維持する最も重要な役割を担っているはずである。教師も人の子、数あるなかにはこんなのもいる、では絶対済まされないのである。こうした教える側の大人のモラルの低下は、大人だけでなくこどももしっかりみている。

＊　＊　＊

教師の社会的ステータス、少なくとも筆者が育った昭和の時代は今よりはずっと高かったように覚えている。当時、「学校の先生」の言うことには、たいがいのこどもたちや親たちは皆従った。教師を崇める、尊敬するとまではいかない人でも、一目は置いていたように記憶している。だからその是非はともかく、教える側と教えられる側との一種の「精神的力関係」は今よりはずっと機能していたと思う。それが倫理観の低下とともに負のスパイラルで低下してきてしまった。最近では「精神的力関係」は崩れかけ、「今年は外れた」とか「またこの先生か」とか「教育委員会に訴えてやめさせてやる」などという親も出現し、「力関係」が逆転する事態も起きている。「モンスターペアレント」なる言葉も登場した。親が陰で教師をけなせば、こどもはそれを聞いている。当然ながらこどもの教師に対する評価は低くなり、信頼関係は崩れ、力関係はさらに機能しなくなる。教師の社会的ステータスは負のスパイラルでどんどん「低下」していく。これにブレーキをかけ、戻していくためには、やはり、教える側のモラルの質、人格的な質を高めることが、喫緊の課題と思う。

やはり、最近の傾向として総じて言えることは、こどもを取り巻く大人の精神的未熟さ、というより「幼稚さ」が目立ち、人間としての倫理観が著しく低下してきている、これだけは間違いない。

■責任回避が目立つ大人の社会、こどもにも影響

昨今は、何かトラブルがあった場合、すぐ責任の所在が問題にされ、責任が追及される社会である。背景にあるのは「告訴社会」であろう。「賠償責任」、「製造物責任」、「遂行責任」、「説明責任」……。だから何かにつけ、「責任回避」が高まる。例えば登下校中の「事故」、責任主体はどこか……。台風による緊急下校で、保護者に迎えに来させる学校。これもある意味で「責任回避」。連絡を受けても、すぐに迎えに行ける親ばかりではない。「こどもの安全が第一」という考えには、「こどもたちに何かあったら責任を問われかねない」といった大人の側の「責任回避」的意味合いも少なからずあるような気がする。学校内におけるこども同士のトラブル、ある教師はこども同士で解決させようとせず、親に連絡する。すなわち暗に親に解決を依頼するような対応。これも責任回避とも見えてしまう。

ある小学校の2年生のクラスであったこと。休み時間に男児同士がふざけ合っているうちに喧嘩状態になり、片方がもう一方の足を蹴ってしまった。それを見ていた別の児童から連絡を受けた担任は、双方の話はよく聞かずに、双方を注意すると共に蹴った側に謝るように言った。蹴った側は一応謝ったが不服そうだった。しかし、青あざができたこともあって蹴った側の親に電話連絡し、蹴られた側の親に詫びを入れるよう伝えた。学校が終わって帰宅した蹴った側のこどもは、「相手が蹴ってきたから自分も蹴った、自分だけが悪いんじゃない」と親に説明した。蹴られた側のこどもは「自分は何もやってないのに蹴られた」と自分の親に話した。青あざは翌日には消えたが、蹴られた側の親は相手の親からの話では事情がよく分からず、電話で担任に説明を求めた。蹴った側の親も納得がいかない様子で、担任に説明を求めたが、それぞれ納得がいかなかった様子。双方の親がやりとりするうち、蹴った側も「うちの子ばかりが悪いのではない」となり、親同士が次第に険悪ムードになり不信感がエスカレート、同時にそれぞれ学校に対してもエスカレート、蹴られた側の親は収まりがつかず、弁護士をつけ相手と学校を訴えるとまで言い出した。

この件は、担任が初めにこども双方からよく話を聞き、こどもたちに問題解決の主体を持たせ、こどもたち同士での解決を図り、双方の親にはこの旨をきちんと伝えておけば、少なくとも訴訟トラブルまでには発展しなかったと思われる。教師の自己保身や責任回避、保護者もこどももよく見ている。

「いじめ」で目立つ、学校側の責任回避

いじめによるとみられたこどもの自殺で、「いじめはなかった」とする学校側、そして責任問題が生じないように配慮するばかりの教育行政の在り方が目立つ。その教育行政側の責任が追及された例がある。新たな第三者委員会の検証で、ある女子中学生の自殺と「いじめ」の因果関係が認定された例である。

某市の中学校で起きた「いじめ」によるとみられた中学生女子の自殺問題。市の教育委員会は、調査した結果「いじめによる自殺であったとは判断できない」としたが、この判断に納得しない自殺当事者の両親の要望で、第三者委員会が設置された。しかしこの委員会は、市教委側の「いじめによる重大事態に該当しない」との「議決」にもとづいて設置されたもので、「いじめ防止対策推進法第28条」にもとづくものでなかったことから、両親の申し出により委員会は調査中途で解散。そして問題の解明が、市から県に移され、県が新たに第三者委員会を設置。この委員会によって、ようやく自殺といじめとの因果関係はあったと認定され、市教委の関係者が懲戒処分された例である。公開されている県の第三者委員会の調査報告書には、「いじめはなかった」とする結論にもっていきたかった市教委の「思惑」が明確に示されてい

る。

おそらく、当該中学校のこどもたちは、大人たちのこうしたやりとりの空気をよく感じ取っていて、「学校」への不信感を募らせていたのではないかと思われる。

最近のニュースの一例である。

#小2のいじめ訴えに不適切対応　教頭が「思い違いでは」（2021年2月4日　朝日新聞デジタル）

総じて責任回避が目立つ教育の現場。こどもの利益より自らの利益を守ろうとする大人たちが目立つ。なぜこうなってしまったのだろうか。何でもそうだが、「事実」は当事者にとって都合の悪いものであっても、隠蔽しない方が結果的には当事者間にとってよい方向に進む。これは何も教育現場に限ったことではない。例えば昨今の政治的問題、具体的にはあえて述べないが、そこにおいてもそうだと思う。

ところで、「責任回避」どころではない教育現場の異常極まる状況が明るみになった。児童生徒に対し「いじめ」を防止するはずの教師が、なんと同僚教師をいじめ、児童に「学級崩壊」を煽るという前代未聞の神戸のある学校での出来事である。

#神戸の教員間いじめ、児童の面前でも「暴行」(2019年10月9日 産経WEST)

#「反抗して学級つぶしたらいい」……いじめ被害教諭の担任児童にけしかけ(2019年10月10日 読売新聞オンライン)

#「面白ければよかった」加害教員、暴行の動機話す 教員間暴力(2019年10月10日 神戸新聞NEXT)

ここまで来ると、学校教育に対する信頼が崩れるどころか、おそらく大半の人が事件の概要をまともに受け止めきれず、ただただ不快感の極まりと共に、とうとうここまで堕ちたかと絶望感に襲われてしまったのではないだろうか。この事件に遭遇したこどもたちは、このような現実を一体どう受け止めたのだろうか。もしかすると、受け止めきれず、アノミー的感覚に襲われたのだろうか。このような教師たちを反面教師として、前向きに育ってくれればと願うが、果たしてどうか。

■物的には豊かになった社会環境、精神的には？

昨今の生活環境は、筆者も含めて戦後の団塊の世代が生まれ育った頃に比べると、少なくとも物的には豊かになった。衣食住も、当時の状況に比べれば、大幅に改善し、暮らしぶりはよくなったと思う。しかし、精神面ではどうだろうか。

かつて心理学者のMaslow, A. H.（１９４３）は、人間の欲求（動機付け）を、ピラミッド型の５段階の階層に分類し、下から順に、生理的欲求、安全の欲求、社会的（所属と愛）欲求、承認の欲求、自己実現の欲求と分類した。基本的には下位の欲求が満たされると上位の欲求が出てくるという考えである。生理的欲求や安全の欲求は、さしずめ衣食住の欲求とみることもできる。Maslowに従えば、衣食住が満たされれば、自己実現の欲求など主体性の確立につながるような精神面での欲求が強くなるはずだが、どうもそうとばかりも言い切れないようである。人間は、大人にしてもこどもにしても、衣食住に困らなくなると、自分自身をどう確立していくかといった精神面に対しては、あまり考えようとしなくなる傾向があるのかもしれない。別に考えなくても生活ができ、主体性などなくてもとりあえずは生きていけるのかもしれない。しかし、これが大きな問題で、考えない分、精神的には確実に貧困になる。

ただ、精神面でも、自分の思い通りにしたがる欲求やジコチューの欲求などはいろいろと出てくる。これもMaslowの言う社会的欲求や承認の欲求に含まれるのかもしれないが、こうした欲求はおそらく際限がなく、満たされるほどにどんどんエスカレートしていく。気づいたときにはジコチュー傾向は著しく強まり、結果、思い通りにいかないことへの忍耐力すなわちストレスに対する耐性は低くなる。自己実現どころではない。Maslow の考えに反するかもしれないが、最近、こう思われてならない。どうも人間は豊かになればなるほどジコチュー傾向が強まり、ストレス耐性は低くなるような気がする。

しかし、この社会は人間にとって、ストレスだらけと言っても過言ではなく、ストレスを避けて生活していくことはまず不可能であろう。だからストレス耐性が低いと、ストレスに振り回されたり落ち込んだりして精神的安定さを欠くようになり、結果、自己実現や主体性の確立は難しくなってくる。そう考えるとストレス耐性は必要不可欠であり、その耐性を養うためにはストレスに「慣れていく」ことも必要になってくる。ストレスに立ち向かい曝露させていく、すなわちエクスポージャー的対応とでも言えるだろうか。だからこどもは、家族や学校など社会集団の中で思い通りにいかないこと(ストレス)を経験しながら、ストレス耐性を養い、成長発達と共に主体性を確立していくことが必要なのだと思う。

しかしながら、昨今のこどもの状況はどうだろうか。小さい頃から与えられる専用個室、そこにおけるこどもだけのプライベート空間。テレビ、PC、タブレット、スマホ、ゲーム機など、外に出ずとも個室の中でそれこそ「ストレスフリー」で遊べてしまう。そして、こどもから「人の部屋に勝手に入るな」と怒鳴られれば、黙って引き下がってしまう親。結果的に、こどものプライバシーは過剰に保護され、「思い通りにしたがる傾向」や「ジコチュー傾向」はエスカレートしていく。ゲームに没頭すれば、当然、依存症の温床にもなる。このような物理的、精神的空間の下では、家族や他人と向き合うこともなく、嫌なことから逃げることもできてしまう。果たしてこれでいいのだろうか？　少なくとも、物的には、多少ひもじい思いをさせてもいいのかもしれないと思うが。

＊　＊　＊

懐かしき昭和の時代、個室を与えられているこどもは筆者の周りではほとんどおらず、こどものプライベート空間も限られていた。せいぜいトイレの中か、夜、布団に入った時くらいだっただろう。テレビはあっても一家に1台で、チャンネル争いで負ければ我慢して観ることも多かった。家の中では娯楽も限られており、たいがいのこどもは外に楽しみを求めていった。学校から帰ると、「～ちゃん、遊ぼ！」と、こども自ら隣近所の門戸をたたき、こどもの社会に参加していた。近所のお兄ちゃんお姉ちゃんたち、またその弟妹たちも集まって、小集団ができ、親や祖父母からもらった5円、10円を握りしめ、近くの駄菓子屋さんに行って遊んだものである。お金を持っていない子は、それなりにおこぼれを頂戴していた。そうした社会では、こどもたちの横のつながりだけでなく、年上、年下の縦のつながりもできていた。だから年上に対してはそれなりに「先輩」として「敬う」ような感覚が、年下に対しては「後輩」として「面倒を見る」という感覚が自然に育っていったと思う。時には「乱暴」な年上や、言うことを聞かない年下もいたが、それなりにこなす「渡世術」も身につけていった。このような関係のなかでは、ストレスは必ずあったが、対処しながらその耐性も身につけていった。そして、もまれながら、人間関係を学び、将来の夢を膨らませていった。あえてイメージを例えれば、映画の『ＡＬＷＡＹＳ　三丁目の夕日』の世界である。

近頃の社会状況は、こういうリアルな関係性が育ちにくい状況にあるのではないだろうか。こどもの数自体が減っていることに加え、例えば、習い事や塾、スポーツクラブなど、安心安全優先で保護者の「保護」の下、ほぼ管理され、スケジュールで動く生活。ハード面では、例えば、マンションの玄関ドア。「オートロック」で他所のこどもは自由に出入りしにくい。近所に住むこども同士が自主的に関係を持てるような状況にはない。だから、こうした生活環境では、こどもが大人（保護者）から離れて行動する、自ら自立的・主体的に社会に参加するということができなくなってしまう。そして、外に出なくても、家の中でオンラインゲームやYouTubeなどネットの世界で十分に時間をつぶせてしまう。この方がワクワクするのか、外での人間関係など煩わしくなってくるのかもしれない。ますますこどものプライベート空間が構築され、現実との乖離が進んでしまう。

■SNSの世界に浸るこどもたち

最近のこどもたちのコミュニケーション、SNSでつながる対人関係。衣食住に満たされ、個室空間でネット環境が整うと、対人関係は、煩わしいリアルな関係よりネット上のバーチャルな世界に求めていく傾向がうかがえる。今回のコロナ禍でさらに加速しているようにも思える。

人とのやり取りの手段には、当然ながら、対面、電話、手紙、電子メール（以下、メール）、それと筆者の周りでは未だ日常のツールにはなっていないようだがテレビ電話などがある。対面は、相手が目の前にいて、互いに見つめ合い、表情や態度をリアルタイムで読み取りながら、ジェスチャーも交え、ときには嗅覚や触覚も使って、話し言葉でやり取りする最もリアルなコミュニケーションで、行き交う情報量としては最多ではないだろうか。電話は、音声でのやり取りで、声の抑揚なども介することで、リアルと言えばリアルだが、視覚情報がない分、対面よりは情報量でかなり劣る。また、この電話機能に映像のやり取りがついたテレビ電話は、視覚情報のやり取りがあるとは言え、相手が目の前に実在しないといった意味では、対面に比べればリアル感には欠けると思う。そして手紙やメールである。どちらも基本的に文字情報だけのやり取りである。手紙は、歴史が古く、電話やメールが登場するまでは、対面以外のやり取りの手段としてこれしかなかった。今日の郵便制度ができるまでは、発信して返信が来るまで、おそらくかなりの日数を要したことだろうから、やり取りというよりは発信者の意思の伝達という意味合いが強かったのではないかと思われる。

メールは、スマホやPCなど必要な機材とネット環境があれば、ほとんどリアルタイムで相手に伝わり、相手も即返信することができるなど応答性は高く、通信料もほとんどかからず、この利便性がEメールやSMSだけでなく、LINEやTwitterなどSNSを発展定着させてきた理由の一つだと思う。しかし、やり取りは基本的に文字情報だけで、文字列の意味解釈で行うため、行き交う情報量は、電話あるいは肉筆の手紙より劣るかもしれない。また、人への気持ちや思いが必ずしも十分反映されるとは限らない。メールはどちらかというと事務的なやり取りで使い、何か重要なときは電話か手紙にするといった人も少なくない。そして、文字情報だけのメールは、発信者と受け手で意味内容の解釈が変わってしまうこともある。月並みな例だが、「結構です」はOKなのかNOなのか、受け手にいいようにとられてしまうこともある。

また、対人関係にあまりもまれていないこどもは、そのときの心理状態によっては、発信者の思惑を見抜けず、額面通りに受け取ってしまうこともあろう。SNSで何かいかがわしいことを企んでいる人からの「そんなにつらいのなら、うちにおいでよ」のメッセージに対して、周囲と上手くいっていないこどもは、多少、危険を感じ取っても、返信してしまうかもしれない。SNSで知り合い、求められるまま、いきなりリアルに出会って被害に遭う。最近こうしたケースが急激に増加しており、新たな社会的リスクになってきた。小学生にもこの傾向がみられ、ネットの世界で見ず知らずの他人と、ろくろく顔も見ずに知り合いになってしまい、半ば一方的に相手をイメージ化し、「会おう」のメッセージに応え、実際に出かけていき、リアルに出会った段階で犯罪に巻き込まれたりしている。我々と違って、リアルな日常的場面で顔見知りになってから、徐々に関係がスタートするのではない。

次は、SNSを介しこどもが事件に巻き込まれたというニュース（タイトルのみ）の例である。

#大阪の女児誘拐容疑で逮捕の男、SNSで誘う（2019年11月24日『日本経済新聞』）
#小4女児誘拐、容疑の男「オンラインゲームで知り合う」（2020年9月5日　朝日新聞デジタル）
#SNSで知り合った中3女子を誘拐容疑　大学生を逮捕（2020年9月20日　朝日新聞デジタル）
#SNSで事件に巻き込まれた子供過去最多（2020年3月12日　日テレNEWS24）
#なぜSNSで見知らぬ大人に「今よりましと思うのでは」全国の被害、過去最多を更新（2020年9月24日　朝日新聞デジタル）

#懲戒処分のわいせつ教員、半数がＳＮＳ悪用……教え子を誘う・好意伝える（２０２０年10月11日　読売新聞オンライン）
#「神待ち」のＳＮＳ投稿が未成年者誘拐に　新型コロナ感染拡大で女子中高生の被害が増加（２０２０年11月26日　東京新聞 TOKYO Web）
#「小遣いは毎日１５００円」ＳＮＳで女子高生誘う……コロナ禍、居場所ない子どもの被害増加（２０２０年12月４日　読売新聞オンライン）
#「下心があり家に誘った」ＳＮＳで知り合った女子中学生を１か月誘拐、男を逮捕（２０２１年２月２日　読売新聞オンライン）

このようにＳＮＳに関するこの手の事件が、後を絶たないどころか急増している感すらある。

次の事例は、幸い事件には至らなかったが、学校に行かずオンラインゲームにのめり込み、ＳＮＳを介して家出をした中学３年男子の例である。

中学２年の終わり頃から野球部の下級生に、からかい半分のような「悪口」を言われていたらしい。中３になって部活を休むようになり、次第に授業にも出なくなった。本人は親のふりをして「今日は体調が悪そうなので休ませます」と学校に電話を入れていたことがあとで分かった。自室で四六時中オンラインゲームに熱中していたらしい。対戦相手は複数いて、中には40歳前後の大人もおり、しょっちゅうＳＮＳでやりとりしていた様子。不登校が続いていた5月下旬のある日、家を出たままその日は帰宅しなかった。親が携帯に連絡しても応答がなかったため、警察に捜索願を出した。その後しばらくして携帯に連絡があり、発信元を解析した結果、約５００㎞も離れた某地方都市にいることが分かり無事「保護」された。ＳＮＳでやりとりしていた相手方の家にいたらしい。連れ戻しに行った際、悪びれた様子はあまりなかったという。帰宅後、数日は登校したが、その後また朝起きてこず、ＳＮＳとオンラインゲームにのめり込んでいた。下級生から言われた「悪口」とは、練習でミスをすると、「先輩、またかよー、もうやめて」と茶化されるような程度のものだった様子。両親は、本人にとってはつらかったのかもしれないが、それくらいのことでと思ったとのこと。しかしながら、だいぶ前からオンラインゲームやＳＮＳの世界に浸りきっており、その意味では口実だった可能性も否定できない。スマホを取り上げた方がいいのかどうかとの相談だった。

両親に対しては次のように話した。オンラインゲームに没頭しており、依存症的ではあるが、それよりもＳＮＳを介したバーチャルな世界で生きていることに深刻さがうかがえる。半ば現実逃避とも言える。スマホを取り上げる前に、本人の気持ちや言い分をよく聞いた方がよい。そして、自分の中で、今、何が一番問題なのか、現状と将来をどう考えているのかなど内省させ、具体的な答えを求める。また内省する中で、「オンラインゲームはできればやめたい、でもやめられない」となれば、本人の了解の下、スマホを取り上げることも選択肢の一つ。やはり現実に目を向けさせ主体性を引き出すことが最も重要とみられると提言した。

しかし、両親の話を聞いていて、本人の問題もさることながら、まず親としてどうしたいのかということが一番気になった。やはりこどもに対して、親の主体性を明確にすることは大前提ではないだろうか。

■少子化問題も

ネット社会の拡がりのなかで、相手とリアルにかかわらないまま対人関係をバーチャルに築いてしまうこどもたち。これには、少子化問題も少なからず関係していると思う。

兄弟がいなく、隣近所にこどももいない。いても親同士の付き合いがなく、かかわれないことも。塾や習い事も、人間関係を学ぶといった要素はあまりなさそうで、こども同士のリアルな関係が築きにくい状況である。今やリアルな関係を体験できるのは学校ぐらいだろうか。しかし学校にストレスを感じるこどもたちは、不登校状態となり、自室にこもり、ネットのバーチャルな世界を求めるのかもしれない。同じ屋根の下に兄弟がいれば、否が応でもリアルな関係を持たざるを得ない。こども部屋を一緒に使うこともあり、自分だけの世界を作ることは難しくなる。しかしその分バーチャルの世界に向かうことにブレーキが掛かることにもなる。また、兄弟がいれば、喧嘩をしたり仲直りしたりと、そのリアルな関係から相手に対する感情のコントロールや、関係を上手くいかせる距離感のつかみ方など、バーチャルの世界ではまず得られない対人関係のスキルを身につけることができ、これは生涯にわたって役立つものだと思う。

しかし、とくに一人っ子は、兄弟という競争相手がいないことからこのようなリアルな関係性はつかめず、マイペースも担保されてしまうため「ジコチュー」傾向は強くなってくる。さらに親との関係も密になりやすく「母子密着」のリスクも出てくる。中にはこの「母子密着」が高じて、結果的に家族が崩壊してしまった例もある。次項で改めて取り上げてみたい。

総じて少子化、家族の少人数化は、家庭内における社会性の脆弱化をもたらし、結果としてこどもの社会性は育ちにくくなる。その意味では、学校は社会性を学ばせる「最後の砦」とも言えようか。

そもそも少子化になってしまう背景、その要因は複雑とみられる。生き方や結婚に対する個人的価値観の多様化に伴い、未婚、非婚、晩婚、晩産などが現在進行形で少子化に関与している。未婚の人は、別に結婚しなくても困らない状況にあるのかもしれない。また「離婚したという話をよく聞く、結婚しても上手くいくかどうか不安、だったらパラサイトシングルでいい」「(結婚は)面倒くさい」などもあるようだ。非婚では、結婚より仕事をとるなど自身の生き方を優先する。「入社して5年、会社からも認められるようになって、今、仕事が充実している、結婚して子育てすることも大事かもしれないが、今は考えられない」既婚では、経済的問題、共働きで子育てとの両立が困難、保育園の「空き待ち」問題なども立ちはだかる。「経済的に絶対無理、自分たちだけで精一杯」「自分もパート、旦那の仕事も非正規で不安定、先のことまで考えられない」「共働き、仕事しながらの子育ては無理かも」「こどもを作っても預け先がない」「今の生活で考えると、作ってもせいぜい1人、でもそれも無理かもしれない」そして晩婚、晩産では、当然ながら身体的に出産はきつくなり、結果、出生数は減る。先の見えない不安だらけの社会、少子化の主な要因は概ねこんなところだろうか。

だからあたかも少子化問題の元凶であるかのように、ごく一部から目の敵にされている性的マイノリティー、いわゆるＬＧＢＴは「マイノリティー」という数から見ても、少子化問題の大きな要因になるはずがないと思う。それと政府が掲げる「少子化対策としての不妊治療の保険適用化」、これも実際問題としてどこまで本質的な解決に結びつくのだろうか。社会全体を見た場合、もっと本質的な対策、抽象的になってしまうが、夫婦が安心して子育てと仕事を両立できる社会構造が必要なのではないだろうか。

少子化、一人っ子家族が抱える問題、「母子密着」家族崩壊に至ったある例

さて、少子化現象が進むなか、こどもとの向き合い方を考える上で、大変参考になる例がある。東京郊外で暮らしていたある核家族、それも娘一人っ子の家族で、こどもの成長とともに家族が崩壊してしまった例である。時間の経過とともに落ち着きを取り戻した父親が、どこに問題があったのかどうしても知りたい、是非聞いてほしいということで来談された例である。父親一人の、複数回にわたる、長時間の面談であった。従って、あくまで父親サイドの視点であるが、まとめるに当たって、できるだけ客観性を持たせるようにした。内容は事実を曲げない程度に変えてある。一体何が問題なのか、本質に迫ってみたい。

父、母、娘の3人家族。車で十数分のところに祖父母（母系）が住む。両親共働き（父：会社員、母：幼稚園教諭）のため、娘は、小学校卒業まで、平日の日中は母方の祖父母に面倒を見てもらっていたとのこと。朝、父親が出勤しながら預けに行き、夕方、母親が仕事終了後に迎えに行くという毎日だったという。従って小学校は祖父母の学区の学校に通ったとのこと。

母親が休日出勤のときは、父親がよく面倒を見ていたようで、少なくとも小学校4年頃までは父親によくなついていたという。小学校の成績は普通だったが、読書が好きで、人の気持ちもよく読む方だったとのこと。中学校は、母親の希望もあり、電車通学を要する少し距離の離れた私立に入った。自宅から最寄りの駅までは歩いて10分ほどだったが、車で送り迎えすることがほとんどであったという。

小学校の終わり頃、思春期にさしかかった頃から、次第に父親と娘の距離が離れていったという。その頃は、女の子だからそんなもんかなと見ていたという。しかし中学生になった頃から、「頑張ろう、ちゃんとやろう」という父親の呼びかけに反するような態度をとるようになり、父親を毛嫌いするかのようにもなってきたという。父親は、少し寂しく感じながらも、これは思春期に入った娘の異性の親に対する戸惑いが絡んだ反抗期で、どこの家もこんなものかもしれないと思うようにしていたという。高校受験の際も、父親の気持ちにあえて逆らうように週数回の習い事に興じて、受験勉強という勉強をほとんどしなかったという。

母親の方は、父親の気持ちもある程度分かってはいるようだったが、娘に対して父親と足並みを合わせて注意するということはほとんどなく、ただ娘に寄り添っていたようだという。「父親は少し離れて黙ってみていればいいんだから」というのがその頃の母親の口癖だったとのこと。父親は、果たしてこれでいいんだろうかと、不満や疑問を強く持つようになっていたが、思春期の娘でもあり、母親がついているのだからと思うようにして、また管理職としての仕事も忙しく帰宅も遅かったこともあって、それ以上積極的にかかわることはなかったという。

結局第一志望の高校は失敗し、第二志望に進んだ。しかし入学後も何か目標を作って主体的に頑張るということもなく、学校の成績も思うように伸びなかったこともあって、母親は次第に娘に関することは父親に伝えてこなくなり、父親が様子を聞いても「大丈夫」と言うばかりであったという。高2のとき、授業カリキュラムの一環で海外短期研修（イギリス）に参加したが、終わって帰ってきても、父親には向こうの様子をいろいろと話してくるでもなく、聞いてもうるさそうな態度をとるだけだったという。父親は、反抗期とはいえ、高2にもなった娘のこういう態度は、いくら何でも大人気ないのではと苛立ちを感じることもあったが、面と向かって叱責することはなかったという。しかしその分、母親の方に気持ちをぶつけることもあったが、母親はただ黙るだけだったという。母親が協力しない限りはどうにもならない感じがしたといい、修復を試みようとしてもいつも空回りだったという。母親は、娘が小さい頃から、少なくとも父親の前で注意することはまずなかったといい、父親はこういう親子で果たしていいのだろうかと疑問をずっと持ち続けていたという。

大学はいくつか受けた結果、地方の私大であったが、希望した分野（薬学）になんとか合格したとのこと。娘本人も喜んだが、それ以上に喜んで見えたのは母親だったという。父親もそういう母親を見て、久しぶりに家族がまとまったような喜びを感じたという。しかし大学に通い始めてしばらくして、行った先の交通機関が不便で、授業やゼミが長引いて遅くなると思うように通えないから、車が欲しいと母親に言ってきたという。いつになく母親から相談を受けた父親は、いくら地方でも通学に必要な公共交通機関は、利便性には欠けるかもしれないが、なくはないだろうし、そういう環境で勉学することも人生経験上必要に思われ、それに私大で既に相当の学費もかかっており、そのうえ学生の身分で車というのはどうかといった思いがあって、少し我慢させた方がいいのではないかと言ったという。しかし母親は、バスの本数は確かに少ないようだし、女の子だから帰宅途中に何かあったら心配、安全を考えてこの際買ってやった方がいいとの思いが強かったようで、父親は、そこまで言うのならと複雑な思いで送金したという。父親は、両親共働きで娘一人だから、無理すれば経済的にもやってやれてしまう、これがもう一人いたら実際問題として困難だったし、娘自身も言い出さなかったのではという。その後、大学2年、3年と進み、この間、母親は毎日のように娘と電話で頻繁に連絡し合っていたようだったが、父親には娘の様子は話してこなかったという。父親が聞いても決まり文句のように「大丈夫、ちゃんとやっているから。そんなにこどもを信用できないのか」と返されたという。この頃から、家族内の不協和音が強まり、2：1に分裂してきたように感じたという。父親は、それでもかまわずに娘に電話しようとすると、母親は不機嫌な表情を見せたことから、それ以上電話する気にはなれなかったという。それでも母親が不在のときに、娘に何度か電話したが、しっくりと噛み合うようなやりとりではなかったという。もちろん娘の方から連絡が来ることは皆無だったという。父親は、大人になればそのうち分かるだろうと思うようにしていたという。

ところが大学4年になるとき、突然帰省し、大学をやめて働きたいと言い出したという。父親は、「やっぱり何かあったんだ、ひとつも大丈夫じゃなかったんじゃないか」と母親に対する不信感がさらに強まってしまったという。父親はもちろんのこと、さすがにこのときばかりは母親も、なんとか頑張って大学を出て、国家試験も頑張れば薬剤師の資格を取れるのだからと話したが、娘本人はもう決めたからと聞く耳を持たなかったという。父親はかなり粘って考え直すよう求めたが、母親は、娘がそこまで言うのだから、我が子を信じたいと言って、陰で承諾してしまったらしいとのことだった。父親は、母親に娘がそうなった事の顚末を聞こうとしたが、母親は黙るだけだった。父親は、このあたりから、どうして夫婦で話し合って対処できないのかと、それまでの母親に対する不信感が極限に達してしまったという。

娘は、大学中退後、その土地でアルバイトをしながら就職活動に励んだようだが、結局上手くいかず、数年後、住んでいたアパートを払って東京の実家に帰ってきたという。しかし帰ってからも、家族と一緒に食事はせず、父親を避けるように母親とのコソコソ話が目立ったという。父親は、管理職として忙殺されるような日々の中でなすすべもなく、娘と母親の件は、内容が内容だけに誰かに相談することもできず、どうしてこうなってしまったのかと自問自答の日々で、こういう家族の在り方が仕事以上のストレスであったという。

その後、娘は、父親の気持ちを察したのか、居候のような形できちんと生活していない自分に嫌気がさしたのか分からないが、家を出て行ってしまったという。母親は、そういう娘を案じたのか、にわかに父親を避けるようになり、日常会話も途絶え、しばらくして娘を追うように家を出て行ったという。どこに住んでいるかは知らせてこなく、父親も、もうどうでもいいと調べる気力もなかったという。後から分かったことだが、東京近郊の賃貸アパートで娘と一緒に生活していたようだとのことだった。その後二人とも家には戻らず、しばらくして手紙で離婚の申し出があり、父親は複雑な思いでサインしたという。

父親が言うには、母親は子育ての人事な場面で、父親とともにというか、ときには父親の側にも立って、娘にかかわることはほとんどなかったという。父親も、母親と娘の関係があまりにも密で、かかわろうにも2：1で入り込む隙もなく、どうにもならなかったという。母娘が密な関係になってきたのは娘が思春期に入った頃からで、とくに目立ってきたのは高校以降だったと思うとのことだった。父親方の祖父母は既に他界していたため、父親は、まだ存命だった母系祖母に何度か相談したが解決にはつながらなかったという。

【このケースの問題点】

このケースについて考えられる問題点を挙げてみたい。その視点として、家族構成、家族個々人の性格傾向や態度、家族間のコミュニケーションの在り方などを中心にみてみたい。

家族構成では、やはり一人っ子であったことが大きいようだ。かなり前であるが、「一人っ子はそれ自体病気である」(Stanley Hall, 1846–1924) と言われていた。この説については、賛否両論あるようだが、ケースによっては言い当てている部分もあるように思われる。現にこのケースについては、一人っ子であったが故に家族が「病的」だったと言えるかもしれない。一人っ子の場合、経済的側面でみれば、初めてのこどもということもあって、両親の側に大切に育てるという意識が強く、精神面のみならず物的にも少なくとも世間並み、もしくはそれ以上の豊かさを与えてしまう嫌いがあるように思う。そういう生活に慣れてきたこどもは、成長とともに多少なりとも一人っ子故のわがままが出ることもある。親の方は、わがままにならないようにとブレーキをかけていくが、こどもの要求が強ければ、ためらいながらもこれくらいなら仕方ないかとか、多分無駄にはならないだろうと、欲しがる物や習い事などに応じてしまう。つまり経済的にやってやれてしまうわけである。このケースのように共働きの収入であればなおさらであろう。その結果こどもは、「思い通り」が自然にエスカレートし、ジコチュー傾向もでてしまう。こども自身も、ときにはちょっとわがままかなと脳裏をよぎっても、思い通りの方が優先され、だんだんそういう生活にどっぷりつかっていってしまう。しかし、このケースの父親も述べているように、こどもが複数いたら、私大で学費が掛かり家賃や生活費などを仕送りしているところに車の購入とその維持となると、実際問題として経済的に無理なため、親の方もほとんど迷うことなく、ごく自然な形で我慢させることができたと思われる。また、当の娘の方も、他の兄弟のことを考えてあきらめたかもしれない。また、そもそも兄弟がいれば、最初から言い出さない、思ってはみても口に出さずに我慢してしまうことも考えられる。経済面から考えられる、一人っ子であるが故の「病的」な問題と言えないだろうか。筆者もそうだが、戦後の団塊の世代に生まれ、兄弟が多く、貧しい生活の中で、将来の裕福な暮らしを夢見て家族で頑張っていた頃は、家族個々人の「思い通り」は、ごく自然にコントロールされながら健全に育っていったように思われ、精神面では今よりもずっと「豊か」だったかもしれない。

さらにこのケースの場合、一人っ子でも、娘だったということも大きいように思われる。娘であっても小さい頃であれば、父親とは物理的にも心理的にも近い距離にいて、互いにじゃれついたり、それこそ一緒に風呂に入ったり寝たりして、家族が2：1になることもなく、互いにほどよい距離で仲睦まじくいることもできる。しかし、娘が成長して思春期ともなれば、父親との間には異性間の距離が出てくるため、さすがにそうはいかなくなってくる。こうなってくると家族によっては2：1に、つまり「母娘」対「父」になる要素が芽生えてくるように思われる。ただ、これも一概には言えず、「うちの娘は中学1年になって胸も出てきたのに、平気で父親とおしゃべりしながら入浴している。父親もまったく気にしてないみたい。どうすればいいか」と母親が半ばあきれたように相談してきたケースもあった。このようなケースは極端にしても、両親がいてこどもが複数であったなら、家族の成員間の距離は、互いを意識してある程度保たれるであろうから、結果、家族の社会性は高まり、思春期であっても、逆に異性間をそれほどには意識せず、ほどよい距離の家族でいられるのかもしれない。

　このケースの場合、一人っ子で娘であったことと、その娘を半ば盲目的に受け容れようとした母親の態度が、家族を２：１に推し進め、「母子密着」になってしまった一因のように思われる。少なくとも妹か弟がいれば母親との関係がこれほどまでに密になることもなかったのではないかとみられる。また、一人っ子であっても息子だったら、また別の展開になっていたかもしれない。また父親の方であるが、家族間の言い争いをできれば避けたいという気持ちからだろうが、ある意味「理性的」に引いてきてしまったことも大きく影響しているかもしれない。下手に遠慮せず、そのときの感情で、たとえ大喧嘩になったとしても、言いたいことをはっきりと言った方がよかったのかもしれない。

　ところで母子密着であるが、最近は、一人っ子で息子という例で、それが見られたりする。母親は、父親のことはほったらかしで、大学生にもなった一人息子のアパートに泊まりがけで出向き、何かと世話を焼き寄り添っている例である。こうした例も、息子というか成人男子の自立を著しく阻害してしまっている例とみられ、昨今の家族はじつにいろいろである。やはり、本ケースの場合、家族構成からみると、一人っ子であったことが、「家族崩壊」の道をたどった大きな要因のひとつであったとみられる。この意味では一人っ子という家族構成は、先のStanleyの肩を持つわけではないが、ある意味「病的性質を内包した家族」と言えなくもない。

　それと母親がどこまでも娘を信じようとし、父親との関係を悪くし、３人家族という家庭を壊してまで娘に寄り添ったということであろう。父親は、この母親について、どちらかというと内向的な方で、言い争いは好まない方だが、かといって意見が違った場合、簡単に折れることはなく、不言実行という形で意思を頑なに貫く方だったと評した。娘に対する対応についても、夫婦間でよく話し合って一致点を見出すというよりは、頑なに自分の考えを通す方だったという。また、なかなか思うようにいかず伸び悩んでいる娘を、自分の分身のように寄り添い、不憫がっていたようにも見えたという。

父親もそういう娘に対して、ときには似たような気持ちもあったというが、どちらかというと「頑張れ」というメッセージを送る方が強かったのかもしれないという。面談からうかがえたこの父親の性格傾向や態度であるが、真面目そうで几帳面さもみられ、生活面でも仕事でも目標に向かってひたすら頑張るようなタイプに見えた。現に、なぜ家族がこうなってしまったのか原因が知りたいといった態度や、家族が2：1になっても、修復を試みようとしていた様子からそれがうかがえた。ただ、真面目で几帳面そして頑張るタイプによくみられる、「ちゃんとやろう」というオーラや態度は、それが苦手な人やあまり望まない人にとっては息苦しさを感じるかもしれない。この家族の母親がそうであったかどうかは不明だが、少なくとも娘は、父親に対してみられた一連の反発的態度から、いくらか感じていたようにもうかがえる。そして、それを感じ取った母親が、娘をかばうようになり、次第に父親との距離を置くようになったのかもしれない。そしてこの両親の、娘に対するスタンスの違いも、家族を2：1に分断し、家族の崩壊につながった一因とも言える。父親は、男でも女でも、もう一人こどもがいたら母子密着は避けられ、家族の崩壊までには至らなかったのではないかとのことだったが、確かに一理あると思われる。

父親は、時折、娘の様子について、「ちゃんとやっているかどうか、大丈夫かどうか」と母親に聞いた際、「どうしてそんなにこどもを信用できないんだ」と返されることがかなりのストレスだったという。確かに、何らかの疑いがあるから聞くわけだが、同時に、その疑いを少しでももつこと自体、娘を信用していないのかもしれないと罪業感を抱くことも多かったという。

では一体、親というものは、どこまでこどもの言うことを聞き、信じればいいのだろうか。おそらく、親であれば誰しも自分のこどもを信じたいと思うはずである。しかし、ときにはこどもの一連の言動から、そうしたくても懸念の方が先立ってしまうときもあるように思われる。やはり現実問題として、無条件に、ただひたすら、半ば盲目的に信じて受け容れていくというのは無理な場合もあるのではないだろうか。当然ながらこどもだって完璧な存在ではない。人間として成長過程にいるわけである。こどもに対し、ただ盲目的に寄り添い、すべてを受け容れることが、こどもを「信用する、信じる」ことには必ずしもならないように思われる。逆にこどもにとって、このような親の態度がプレッシャーにならないとも限らない。思春期にもなれば、親子の距離が近づきすぎることは、こどもの方もおそらく嫌がるだろう。

ある相談で、思春期を過ぎた子で、「あのとき親に自分の問題をはっきり言われた。そのときはムカッときたけど、今になってその意味が分かるようになった。言ってもらってよかったと思えるようになった」という子がいた。こどもをどこまでも信じるというのは、少なくとも親の方がこどもに真摯に向き合い、信念を持ってやるべきことをやり、言うべきことをきちんと伝えた上でのことではないかと思う。この意味では、母親といえども、こどもの態度によってはときにはきちんと叱責することも「あり」だったかもしれない。そういうことはせずに、こどもを不憫がるあまり、ただただこどもの言うことだけを聞き、どこまでも「信じることにする」というのは、ある意味こどもに対して無責任で、親の自己満足と言えなくもない。こどもは、真剣に向き合ってくる大人のことは、直感的に重く受け止めるのではないかと思う。

本ケースで母子密着になっていった背景には、父親の「頑張ろうよ」とか「ちゃんとやろうよ」に対して、そう思いながらもなかなか応えられずにいる娘、そうした娘を不憫がる母親、その母親に甘えることで期待に添えないことの裏返しとしての父親への反発、そういう娘をみて母親もいつしか娘に同調するなかで娘との共依存関係を強めてしまう、こういうことが相互に絡み合って、家族の2：1の関係を悪循環的に増幅させてしまったのかもしれない。それと、このケースの場合、両親間、すなわち夫婦間の信頼関係も希薄だったのかもしれない。父親は、娘が小さい頃は、夫婦関係はごくごく普通だったと思うという。よく話し合いをしながらやっていたと思うとのことだった。しかし、娘が成長し問題がいろいろと露見するようになってからは別で、母親は娘をかばうように娘に関する情報を父親に伝えなくなり、父親が様子を聞いても「大丈夫」とだけしか答えなくなっていったという、この両親間のコミュニケーションの目詰まりも、一人っ子であったことや両親間のこどもに対するスタンスの違いと同様に家族崩壊の一因となった可能性が強い。このケースの場合、娘に対する両親のスタンスにいくらかでも一致点があったなら、おそらく別の展開になり、少なくとも家族の崩壊までには至らなかったかもしれない。一致点というのは、こどもが小さい頃はもちろんのこと、大きくなっても、両親共にかかわっていこうとするような態度がみられることで、例えば、母親が娘に「パパも心配しているんだよ」とか「パパにもちゃんと相談しなさい」的な言動があったとしたら、そこに見出されるようなものであろう。とくに一人っ子の場合、子育てにおいて両親間で養育のスタンスが異なるのは、こどもが混乱するばかりであろう。

このように結果的に崩壊してしまった家族であるが、確かにこういう家族形態でも家族個々人の性格や態度、家族間のコミュニケーションの在り方によってはこうはならないケースもあるだろうし、世の中には、一人っ子の家族形態であっても、上手く機能している例もあるとは思う。しかし総じてみると、家族3人というのは、家族の社会性や健全性を担保するには脆弱なのかもしれない。核家族であっても一定の社会性が必要で、その社会性の高まりは人の数に比例するとすれば、こどもの数は複数以上がいいということにもなる。またそれもできれば核家族ではなく、少なくとも二世代家族のほうがいいのかもしれない。どこかの国のかつての政策ではないが、「少なく生んで大事に育てる」はやはり無理があるように思われる。読者の皆さんはどう思われるだろうか。

こどもたちに大人はどう向き合えばいいのか

【ポイント】
■こどもの主体性を育て、自立させるスタンスで
■過保護、過干渉をやめる
■基本的に「大人」扱いをする
■過去、現在、未来と時間軸をもたせる
■不安や葛藤は乗り越えさせるスタンスで
■かかわり方は基本的にエクスポージャー的対応で
■現実と向き合わせる
■ストレス耐性を養う
■プライドを尊重する

最後に、我々大人は、こどもたちにどう向き合えばいいのだろうか。これまで提示してきた

気になるこどもたちの事例や、その背景にある問題などを踏まえて、まとめてみたのが、次に挙げる視点である。

■こどもの主体性を育て、自立させるスタンスで

基本的には、こどもの主体性を育て、自立させることが目標と思われる。つまり、こどもが自分の意思や判断で目標をもって行動し、成人後は社会の中で他人に迷惑をかけずに、働いて収入を得て、自らの衣食住を賄っていけるようにすること。その基本的な術を身につけさせることが具体的な基本目標と考えられる。

そのためには、こどもと向き合う大人が、自らの倫理観を高め、主体性をもつようにする。「率先垂範」である。そして高い倫理観と主体性をもった大人がこどもときちんと向き合い、こどもの主体性を引き出すようにする。大人が、倫理観をきちんともって主体的に人生を歩んでいれば、こどもは必ずその後ろ姿をみているはずである。

こどもとかかわる中で、こどもが問題にぶつかり、困って何か問いかけてきたときは、まず「問題は何なんだろうね」、「君はどう思う?」、「どうすればいいんだろうね?」などと返すようにする。こどもが「わかんない、どうすればいいの?」と聞いてきても、大人の答えはすぐには出さない。こどもの目を見て微笑みかけ、考えてごらんと投げ返す。時間をかけてでも考

えさせ、とりあえずの答えを求める。こどもとのこうしたやりとりを通して、こども自身に自らの問題を整理させ、「できればこうしたい、こうなりたい」を表明させる。とりあえずは明確なものでなくてもかまわない。それが大人から見て社会的に容認される範囲のものであればその選択を尊重する。通常、こどもは大人から真剣に問われれば、非社会的、非倫理的、非良心的な選択はまずしないとみられる。万が一、そのような選択をした場合は、「本当はどうなのか、どうしたいのか」と迫るようにする。

そしてこどもの考えや判断にもとづいて、基本的には自己責任で行動させる。自己責任であれば、結果に対し自身と向き合うしかなく、より確かな主体性が確立すると思われる。仮に失敗しても、前向きに取り組めるように見守っていけば、その経験は必ずや「成功の母」となると思う。とにかく時間がかかっても、内省させ、自分自身と向き合うようにさせ、考えさせ、判断させ、その子の主体性を引き出す。これに要する時間は、決して無駄ではない。必ずその子の栄養になり、精神的に成熟した大人へと導いていくものと思われる。また、こうしたやり取りは小さい頃から積み重ねていくようにする。問題行動が見られるこどもであっても、本人の主体性を引き出すことで、ポジティブな変化が見られることは少なくない。また、こどもによっては、臨床心理士など専門家による心理的介入が必要なケースもあるだろうが、主体はあくまでこども本人である。

こどもと向き合うスタンスは、教師も同じである。例えば、不登校状態になっている子に対して、「問題児」として見るより、一人の「困っているこども」として優しく寄り添い、「できることならどうなりたい？」と問う。その結果、「……」であれば、葛藤している状態とみて、その葛藤を乗り越えさせる方向でアプローチし、また、か細い声でも「……できれば普通に登校したい」と返ってくれば、それはその子の本音とみて、目標をその方向にもっていくようにする。

そしてまた、できればなぜ「登校したい」のかも問う。なかには「皆が行くから」とか「学校は行かなきゃならないから」など月並みな答えを返す子もいるが、それはそれで「本当はどう思う？」と返す。そして何らかの答えが返ってくれば、そのなかにこども自身の将来に対する思いが隠されているはずである。

また、「登校したくない」となれば、その理由を内省させていく。もし、こども自身のなかに「逃げている」という自覚がちらついているようなら、それに対して「できればどうしたい」を引き出す。筆者の経験では、ほとんどの不登校状態の子に「できれば皆と同じように登校したい」との思いがうかがえた。ただ、最近では、「行く意味がない」とか、「自分にとって学校は必要ではない」などと言い出す子もいるようだが、それはそれで直ちに否定せず、どんどん内省させる機会を与えた方がよいと思われる。

登校への葛藤は、時間がかかっても本人に乗り越えさせるようにする。そして、そのかかわり方の基本は、エクスポージャー的アプローチである。このアプローチ法はこどもにとって確かにプレッシャーではあるが、生きていく上で必要不可欠なものと思われる。

■過保護、過干渉をやめる

これまで提示してきた事例を通して述べてきたように、こどもに対しては、とにかく過保護、過干渉をやめる。これも基本の基。人間より遙かにましと思われる自然界の動物の在り方をスタンダードにすべきように思われる。例えばキタキツネの世界。生きていくための餌は、幼い頃は親が与えるが、成長とともに自ら探すように仕向けられる。

過保護、過干渉がこどものためにはならないことは、ほとんどの大人は知識として理解していると思う。しかし、実際に問題を抱えたこどもを目の前にすると、大人自身が不安になってつい手を差し伸べてしまうのが大方の心理的行動と思われる。だから、心配で見ていられなく手を差し伸べたくなったときは、まず立ち止まる。そして自分がやろうとしていることを振りかえる、本当にこどものためになるのかどうか、と。否となれば、差し出した手を引っ込め、こども自身に考えさせ、出てきた対応を見守る。その対応は、大人から見て未熟で危なっかしいものであっても、あえて経験させる。そのスタンスがこどもたちを精神的に成熟した人間に一歩近づけさせることになるとみられる。

とにかく、まだこどもだからと不憫に思っての先走った「道案内」はやらない。「転ばぬ先の杖」も差し出さない。これは絶対的原則である。「転ぶ」ことは貴重な人生経験。転んで初めて気づくこともある。精神的に成長するチャンスにもなる。

■基本的に「大人」扱いをする

こどもが現実を直視し、受け容れ、そして不安を乗り越えて主体性を確立し、「自己実現」を図るためには、大人はこどもに対し、ひとりの人間として向き合い、一定の適切な距離（人の間）を保ちながら、かかわるようにした方がよいと思われる。この意味で、基本的に「大人扱い」がいい。ただし、そこには、こどもを温かく見守り育むといった、大人対こどもの精神的力関係が機能していなければならない。こどもにとって「大人扱い」を受けるこのスタンスは、こどものプライドを育てることにもなり、結果、自立性を養い、主体性の確立につながるものと思われる。親子であれば、適切な心理的距離を維持することが、互いに親離れ・子離れの方向に向かわせると考えられる。また、当然ながら、先述した母子密着のリスクも低減させることにもなる。

そして、この心理的距離を維持した上で、できるだけこども自身に考えさせ、「どうするか」を自問させ、判断や決断をさせた方がよい。当然ながら経験不足のこどもに判断や決断を任せることは、ある程度のリスクを伴う。しかし、そうすることでこどもは自ら考えて行動するようになると思う。

■過去、現在、未来と時間軸をもたせる

刹那的な生き方も必ずしも否定はできないが、こどもには、できるだけ過去、現在、未来の時間軸をもたせるようにする。そのためには、過去を振りかえらせ、これまでの事実を内省させ、整理させる。そのうえで現状を認識させる。その認識を踏まえてこれから先のことを考えさせる。そして「これからどうしたいのか」を求める。これもかかわりの基本である。過去を意識させるには、こどものこれまでの成長過程において評価できる事柄を抽出し、その子なりに頑張ってきたことをきちんと伝えることもよいと思う。こうした時間軸を意識させることは、人生には終わりがあり、それは遠い将来であっても必ず来ることを自覚させることになる。有限の世界の中で「どう生きるか」という主体性を確立するうえで、非常に重要なことだと思う。

■不安や葛藤は乗り越えさせるスタンスで

こどもの成長過程で待ち受けている様々な不安や葛藤は、あくまでこども本人に乗り越えさせるようにする。大人はそれを見守り、必要に応じて手伝うだけ。その手伝いも「過保護・過

干渉」にならないようにする。

不安に立ち向かうスタンスを日常生活の中で試しながら身につけさせていくには、こどもの時からの方がやりやすい。大人になってからでは、あれやこれや考えてしまい、動けなくなる。

普通、不安感が強く不安だらけだと、人前に出たくなくなり、社会参加へのハードルは高くなる。そして、年齢と共に不安と対峙するハードルも高くなり、やがて引きこもりになることも出てくる。もちろん、引きこもりがすべて否定されるものではなく、思春期における「燃え尽き症候群」から回復する際など、当人にとって主体性を再確立するのに必要な場合もある。不登校も、一過性なら、本人の主体性の確立にとって必要なプロセスとなることもある。

しかしながら、「８０５０問題」のような引きこもりの長期化は、本人にとっても家族にとってもストレスで、互いに追い詰め合ってしまうことになりかねない。また、当の本人の唯一無二の人生を考えても、筆者は不利益でしかないと思われてならない。

だから、そうならないよう、こどもの頃からのかかわり、つまり不安と対峙させ不安に立ち向かわせ、不安感に慣れさせるようなかかわりが基本だと思う。こどもと向き合う過程で、例えば、この頃登校を嫌がるようになったみたいとか、なんだか人を避けるようになったみたいとか、つらそうな表情で手を頻繁に洗うようになったなどの「不安反応」が見られた段階で、以上の基本スタンスでかかわっていく必要があると思う。誰でも不安に陥ると不安回避をほとんど反射的にやってしまうが、できるだけ意識してあえて不安に立ち向かう、そして不安を受け容れ、不安感に慣れていくことが必要に思われる。また、引きこもり状態になってしまっても、やはり少しずつ主体性を求め、不安と対峙させ、自身からの自立を促すことが重要だと思う。本人を案じたいわゆる「腫れ物に触るような態度」は、引きこもりを改善させるどころか悪化させることにもなりかねない。

ここで、不安や葛藤を自ら乗り越えようと、自分自身と向き合っている例を紹介しておきたい。高校1年の女子。入学後、クラスにあまりなじめず、時々休んでしまっていた。本人の話。「自分だけ浮いちゃった感じで居場所がない。気の合う人がいなくて、周りにいつも気を遣ってしまう。昼を一緒に食べる人はいるにはいるが、いまいち……。こんな状態だから成績も落ちちゃった。一人っ子で、幼稚園、小学校と1クラスで少人数だったせいもあり、小さい頃から閉鎖的な環境で育ってきたということもあるのかもしれない。なんかもうこの学校をやめたいと思うけど、でも他の学校に行っても、また通信制に変えても上手くいくとは思えない。将来は保育士になりたい。同世代は苦手だけど小さい子なら好き。そのためには進学して資格を取らなければ。だからやっぱり今の学校をやめるわけにはいかない」とのことだった。

不適応状態ではあるが、考え方には客観性があり現実的。自分と向き合っている。不安や葛藤を乗り越えていくエネルギーもありそうで、母親のかかわり方も少し離れて見守っている感じで問題なさそうだった。なんとかしたいという気持ちをさらに引き出すようにし、不安に立ち向かい、少しずつ現状を乗り越えていくことが必ずよい結果をもたらすと伝えた。その3カ月後に母親だけが経過報告に再来した。「疲れたときは休むが、翌日はまたちゃんと行く。通院しているクリニックからは少し休ませるようにと言われていたが、頑張っているみたい。昨日は、久しぶりに学校が楽しかったと言ってきた。笑顔も見られ、こちらも少しほっとした」とのことだった。やはり不安や葛藤を自ら乗り越えさせ、「できればこうしたい」という主体性を持たせることが肝要と思われた例であった。

■かかわり方は基本的にエクスポージャー的対応で

こどもに対するかかわり方は、基本的にエクスポージャー的対応、つまり問題となっている不安や恐怖を回避するのではなく、立ち向かわせるような対応が最も現実的で効果的と思われる。筆者の臨床経験上、この方法が一番確かなアプローチであった。例えば、不登校や対人関係がらみの不安反応、また病的状態としての不安障害、強迫性障害、摂食障害でも効果があった。具体的には、不登校では、本人に「やっぱり登校したほうが……」という葛藤的心理がほんのわずかでもうかがえれば、自ら登校不安に立ち向かわせるようなかかわり方、手洗い強迫であれば、汚染恐怖に立ち向かわせ、自ら手洗い回数を減らすようにさせるかかわり方、痩せ願望による摂食障害であれば自ら肥満恐怖に立ち向かわせ体重を回復させるようなかかわり方である。筆者の場合、ほとんどの例で効果がみられた。このようなアプローチで、登校するようになったり、心身の症状が回復したりした子は、ほとんどが自信を取り戻したかのようなしっかり感あふれる表情になったことが印象的であった。

こどもに対するこのスタンスは、低年齢児（例えば幼稚園の年長）であっても同じである。昔からの格言、「可愛い子には旅をさせよ」、「苦労は買ってでもしろ」である。

■現実と向き合わせる

もうだいぶ前になるが、相談にやってきた小学校高学年の子に、父親について尋ねたところ、どこでどういう仕事をして、どういう形で収入を得ているのかをまったく知らず、驚いたことがあった。経済的にはごく普通のサラリーマン家庭の子であった。また小学3年生の子が、やはり父親の仕事のことなど知らないと言ったので、じゃあ生活にかかるお金はどうしているのと聞いたら、そんなこと聞かれたこともなかったと言わんばかりの表情で、「銀行に行けばあるじゃん」と答えたことにも驚いた。それ以来、このようなこどもたちは珍しくもなくなり、別に驚かなくなってしまった。こどもたちが、いかに現実を現実として受け止めていないかのいい例だと思われる。大人たちから、現実を知らされなければ、現実と向き合うこともできない。これでは主体性は育たず、ジコチューにもなってしまうだろう。

だから、こどもには、親の仕事内容や経済状態、場合によってはこどもが感じているかもしれない家族内のトラブルさえも、日常生活の現実をできるだけ隠さず事実を伝えるようにした方がよいと思う。つまりこどもには、目の前の現実と向き合わせるようにするとともに、できるだけ現実から逃避させないようにする。もし現実逃避が見られた場合は、「どうしたの？」と投げかけ、心の内を内省させ、できれば表現させる。そして「どうしたいの？」と問いかけ、様子を見る。必ずしも答えが返ってこなくても、現実を意識させることにはなる。

また、テレビのニュースなどを通して、社会の中で現実に起こっていることを共有させ、世の中は決して甘くないことも伝えるようにした方がよいと思われる。

■ストレス耐性を養う

最近話題になっている「あおり運転」に象徴されるように、昨今の社会的事件からうかがえる「衝動的、突発的、短絡的」なジコチュー行動は、ストレス耐性が育っていないことに起因するものも少なくないと思う。だから、こどもたちが社会に出てそのような「行動」を引き起こさないようにするためにも、小さい頃から、ストレスに対する耐性を養うことが是非とも必要であると考える。世の中は、確かに思い通りにいかないことの方が多い。でもそれに耐える力、忍耐力を養うことは、結局は自分自身を守り、さらには成長させていく力となり、その努力の積み重ねは、間違いなく将来成功に導く良質の堆肥となることを伝えるようにする。

■プライドを尊重する

人間なら誰しもそうだが、たとえこどもであってもプライドはある。不登校や引きこもり状態にあるこどもが、大人からその理由には触れずに「今はさておき、できればどうしたい、本当はどうなりたい」と問われれば、少なくとも悪い気はしないと思われる。こどもは、自ら悩んでいる現在の状態を真っ向から否定されなかったことから、「自分をちゃんと見てくれた、一人前に扱ってくれた……」と思うのではないだろうか。結局は、大人とこどもとの、こういうやりとりの積み重ねが、こどもとの信頼関係を作るものと思われる。こどもといえどもプライドはある。絶対に傷つけてはならない。

＊　＊　＊

こどもと向き合う過程は決してスムーズではないが、以上の視点を踏んでいけば、こどもは、やがて主体性をもった確かな人間へと成長し、周囲と信頼関係を築きながら人生を歩んでいけるようになるのでは、と筆者は思う。だから、何度も繰り返すが、こどもに対しては、小さい頃から主体性を問い続けるかかわりがもっとも重要で、基本中の基本事項と考える。親子の関係は、テレビドラマで演出されるような理想的ないい関係ばかりではない。親子でありながら「相性」が合わないという関係もあるだろう。きれい事だけではないはずである。そういう事実も踏まえて「大人はこどもに対してどう向き合うか、どうあるべきか」を模索するしかないが、本書で指摘させていただいた視点は、少なくとも必要条件ではないかと思う。

本書の課題をとりあえず終えるにあたって

最後に、主体性の確立に向け自分自身と向き合おうと頑張っているこどもと、その子を見守りながら自分自身と向き合う親の例を紹介しておきたい。

小学3年の女児。学校からは、成績もよく模範的で、できる子と評されているが、家では言い返しが多かったり、いくら言っても片付けなかったり、時に自分（母親）に対して乱暴な口を利いたりするとのことであった。（本人に、問題は？　と聞くと）「学校で友達に自分の意見を否定されること、忘れ物が多いこと、すぐにムカッとすること、泣き虫なこと、人に対して細かいこと……かな」（その中で一番に直したいことは？）「すぐムカつくこと、とくに母親にきつく言われるとムカッときて言い返してしまう。どうしてもそうなっちゃう。自分が一番偉いみたいな感じでやっちゃう。多分、家ではわがままなんだと思います。学校と家ではモードが変わってしまう。これではダメだと分かっているけど直せない」（学校では？）「友達に強く言われると、心ではすごく嫌なのに我慢しちゃうこと。それでストレスがたまり家に帰って爆発させちゃう。我慢しないで言い返せばいいんだろうけど、それができない。これも直そうと思ってるけどダメなんです。学校では、友達関係のトラブルはなるべく起こしたくない。友達は一人でも減らしたくないから。でも友達から上から目線で見られるのはやっぱり嫌。あとは、家で片付けができないこと、というより面倒くさくてやりたくないこと、それと嘘もつくこと。歯磨きをしていないのにしたよとか、宿題もやってないのにやったよとか、でもすぐにばれて怒られる。嘘は悪いことだと分かっているのに怒られるから爆発してしまう。こんなふうだから親が怒るのは確かに分かるけど、でも、これくらいのことでという気持ちもちょっとある」

母親の話。確かに自分の言い方もきつかったかもしれない。毎日仕事に追われ、帰宅すると夕食の支度や洗濯など生活に追われる始末。父親の帰りも夜8時過ぎ、それから家族一緒に夕食をとる。家族がまとまる時間を優先させるとこうなってしまう。父親の帰りを待ってないで先に食べちゃえばとも思うが、せめて夕食ぐらいは家族で団欒しないと……。朝は父親とこどもを送り出し、自分も7時半には出勤しなければならない。こんな生活だから、どうしてもこどもに対して指示的口調になってしまう。指示が通らないとつい大声を出して叱ってしまう。そして、いつもこどもが寝てから、後悔する始末。なんとかしなければと思うけどいつもこの繰り返しです（と少し涙ぐんだ）。

以上が概要である。女児ということもあるが、この年齢にしては、内省力は十分にある。多くの葛藤を抱える中で、自身の行動が決して正しいものとは思ってなく、どうあるべきかを模索している様子。友達を減らしたくない、できるだけ上手くやりたいなど、こうした気持ちは、おそらく、今のこどもたち、とくに女子児童たちの心の中を示すひとつの代表例とみられる。母親の気持ちもまた、共働き世帯の多くの親に見られる例と思われる。仕事に追われる中で、家族を大切にしたいと思っていながら、結果的にすれ違ってしまい、後悔の念に苦しむ日々。母子ともにそれぞれかなりの葛藤がみられるが、互いに相手を否定していないところが救われる。結局のところ、家族それぞれが自分自身と向き合い、互いに寄り添いながらも少し距離を置き、それぞれ前向きに乗り越えていくしかないように思われる。お互いに感情を爆発させてしまっても、落ち着いてから本音を伝え合っていく、当面この繰り返しでもいいのではないかと思われる。本人に対しては、今の在り方で大丈夫、思うようにいかないことは、自分と素直に向き合っていれば次第に解決していく、また友達は数ではなく中身が大事で意見の対立はむしろ必要、「来る者拒まず、去る者追わず」のスタンスで、一番大事なことは「自分を大切にして自信をもつこと」と話した。母親にも、今の心的スタンスでこれからもやっていけば、次第に歯車が噛み合いだし、娘本人も前向きに主体性を確立していくようになり、やがてはこれでよかったと思える日が来ると思う、と伝えた。親子共にいくらか安心した様子で帰られた。こちらも懸命に生きようとする親子に癒やされ、さわやかな余韻が残る相談例であった。

こどもに対する大人のスタンス。こどもにとって過剰な不安材料は回避しなければならない。しかし人の一生は苦難とともに不安の連続といっても過言ではなく、その意味では不安を避けることばかりではなく、不安に立ち向かうことも教え、不安に対する耐性を養うことも子育ての基本の一つと考えられる。こどもが嫌がることは一切強要しないといった不安回避ばかりでは不安に対する耐性は育たない。こどもの心身の発達状態をよくみながら、温かく優しく、そしてここが肝要だが、ときに厳しく育んでいく姿勢が大切ではないだろうか。こどもの不安を理解しつつも、こどもが不安に立ち向かえるよう促す姿勢が必要に思える。その意味で大人のリーダーシップ性の確立が必要に思われる。

そのためには、繰り返すようだが、大人それぞれがこれまでの人生を振り返り、現状と向き合い、自身の問題性を熟考し、そしてこれからよりよく生きていくにはどうすればいいのかという、高い倫理観をもった主体的で前向きな態度が是非とも必要になってくる。このような態度を身につけた大人が、こどもにとって「信頼できる大人」として映るのではないだろうか。こどもが自ら信頼を寄せたくなるような存在、例えば、『君たちはどう生きるか』に登場するコペル君のおじさんのような存在である。

これから確実にますます少子・高齢化が進む。また、人間誰しも平等に歳をとり、やがて社会に出て稼ぐことは難しくなる。老後を生活していくうえでの現実的問題、例えば年金。少子化が進む中で、現在の仕組みの年金制度が果たしていつまで続くのか。また、気候変動による自然災害も激甚化してきており、巨大地震もいつ起きてもおかしくないとされている。そしてこの度、ほとんど突然に出現し、全世界を恐怖に陥れ混乱させた、新型コロナウイルス。悲観的かもしれないが、これからの時代、これまで以上に厳しい現実が待っているとみるほうがより確かで現実的なような気がする。

こどもたちには、そういう「これから」と向き合い、生き抜くために、直面する不安と対峙し現実をきちんと見据えた主体性をしっかりもってもらう、いや、もたせることが急務と考える。

今、まさに「君たちはどう生きるか」が問われている。

【参考文献】

■Asperger, H. (1944): Die "Autistischen Psychopathen" im Kindesalter. *Archiv für Psychiatrie und Nervenkrankheiten*, 117, 76–136.

■朝倉新、松本英夫（２００４）「ＡＤＨＤの現在」『臨床精神医学』33　４２９－４３５

■発達障害者支援法　平成16年法律第１６７号

■内閣府　平成29年版障害者白書（２０１７）

■本田秀夫（２０１３）『自閉症スペクトラム』ソフトバンククリエイティブ

■本田秀夫他（２００８）「アスペルガー症候群の早期経過」『精神科治療学』vol.23　１４５－１５４

■本田秀夫（２０１４）「『アスペルガー症候群』はどこへ行く？」『こころの科学』vol.174　29－35

■星野仁彦（２０１１）『発達障害を見過ごされる子ども、認めない親』幻冬舎

■岩波明（２０１７）『発達障害』文藝春秋

■岩波明（２０１９）『誤解だらけの発達障害』宝島社

■金澤治（２００３）『ＬＤ・ＡＤＨＤは病気なのか？』講談社

■Kanner, L. (1943): Autistic disturbances of affective contact. *Nervous Child*, 2, 217–250.
■Kanner, L. (1944): Early infantile autism. *The Journal of Pediatrics*, 25, 211–217.
■香山リカ（2018）『「発達障害」と言いたがる人たち』SBクリエイティブ
■厚生労働省（2004）：発達障害支援に関する勉強会（第1回～第4回）の主な意見等
■厚生労働省（2006）：平成18年度厚生労働科学研究「軽度発達障害児の発見と対応システムおよびそのマニュアル開発に関する研究」
■厚生労働省（2007）：軽度発達障害児に対する気づきと支援のマニュアル
■栗田広（2002）「注意欠陥／多動性障害（ADHD）の歴史と概念」『児童青年精神医学とその近接領域』43　131–138
■桂広介他編『教育相談事典』（1973）金子書房
■正高信男（2002）『父親力　母子密着型子育てからの脱出』中央公論新社
■Maslow, A. H. (1943): A theory of human motivation. *Psychological Review*, 50, 370–396.
■Maslow, A. H.（1970）小口忠彦監訳（1971）『人間性の心理学　モチベーションとパーソナリティ』産業能率大学出版部
■文部科学省（2002）：通常の学級に在籍する特別な教育的支援を必要とする児童生徒に関する全国実態調査　調査結果
■文部科学省（2012）：通常の学級に在籍する発達障害の可能性のある特別な教育的支

援を必要とする児童生徒に関する調査結果について（平成24年度文部科学省調査）
■文部科学省ＨＰ：特別支援教育　発達障害とは
■鍋田恭孝（２０１５）『子どものまま中年化する若者たち』幻冬舎
■岡田尊司（２０１２）『発達障害と呼ばないで』幻冬舎
■榊原洋一（２０００）『「多動性障害」児　「落ち着きのない子」は病気か？』講談社
■榊原洋一（２０１６）：所長ブログ　発達障害は本当に増えているのか？　Child Research Net（ＨＰ）
■政府広報オンライン：発達障害って、なんだろう？
■千石保（２０００）『「普通の子」が壊れてゆく』日本放送出版協会
■清水康夫（２０１４）「自閉症スペクトラムとは？」『こころの科学』No.174　10－14
■髙橋三郎、大野裕監訳（２０１４）『ＤＳＭ－５精神疾患の分類と診断の手引』医学書院
■髙橋脩（２０１４）「自閉症をめぐる医学的概念の変遷」『こころの科学』No.174　15－21
■高岡健（２０１２）「第53回児精医学会シンポジウム　自閉症スペクトラムを見つめ直す」『第53回日本児童青年精神医学会発表抄録集』
■田中喜美子（２００４）『母子密着と育児障害』講談社
■内山登紀夫（齊藤万比古総編）（２００８）『発達障害とその周辺の問題』中山書店

■上野一彦（2003）『LD（学習障害）とADHD（注意欠陥多動性障害）』講談社
■Wing, L. (1997): The autistic spectrum. *The Lancet*, vol. 350, 1761–1766.
■吉野源三郎（2017）『君たちはどう生きるか』マガジンハウス

稲沼　邦夫（いなぬま　くにお）

1949年生まれ。臨床心理士。茨城大学教育学部卒業、同大学教育専攻科（教育心理学専攻）修了。㈶茨城県メディカルセンターを経て茨城県立こども病院（臨床心理科）に勤務。定年退職後、日立製作所日立総合病院、茨城県立こころの医療センター、茨城県教育研修センターなどで、主にこどもに対する心理カウンセリングを担当。著書『こどもの摂食障害　エビデンスにもとづくアプローチ』（金剛出版）。

こどもたちにどう向き合えばいいのか
― 臨床心理士として感じてきたこと ―

2021年10月26日　初版第１刷発行

著　　者　稲 沼 邦 夫
発 行 者　中 田 典 昭
発 行 所　東京図書出版
発行発売　株式会社 リフレ出版
〒113-0021　東京都文京区本駒込 3-10-4
電話 (03)3823-9171　FAX 0120-41-8080
印　　刷　株式会社 ブレイン

ISBN978-4-86641-456-0 C0037
Printed in Japan 2021